教育部人文社会科学研究项目（16YJA740022）

| 国 | 研 | 文 | 库 |

中英议论文体的语篇修辞性研究

刘东虹 ———— 著

光明日报出版社

图书在版编目（CIP）数据

中英议论文体的语篇修辞性研究 / 刘东虹著 . -- 北
京：光明日报出版社，2021.6
ISBN 978 - 7 - 5194 - 6016 - 7

Ⅰ . ①中… Ⅱ . ①刘… Ⅲ . ①议论文—修辞学—研究
Ⅳ . ①H052

中国版本图书馆 CIP 数据核字（2021）第 077982 号

中英议论文体的语篇修辞性研究
ZHONGYING YILUN WENTI DE YUPIAN XIUCIXING YANJIU

著　者：刘东虹

责任编辑：杨　茹　　　　　　　责任校对：刘文文
封面设计：中联华文　　　　　　责任印制：曹　净

出版发行：光明日报出版社
地　　址：北京市西城区永安路 106 号，100050
电　　话：010 - 63169890（咨询），010 - 63131930（邮购）
传　　真：010 - 63131930
网　　址：http：//book. gmw. cn
E - mail：yangru@ gmw. cn
法律顾问：北京德恒律师事务所龚柳方律师
印　　刷：三河市华东印刷有限公司
装　　订：三河市华东印刷有限公司
本书如有破损、缺页、装订错误，请与本社联系调换，电话：010 - 63131930
开　　本：170mm×240mm
字　　数：200 千字　　　　　　印　　张：13. 5
版　　次：2021 年 6 月第 1 版　　印　　次：2021 年 6 月第 1 次印刷
书　　号：ISBN 978 - 7 - 5194 - 6016 - 7
定　　价：85.00 元

前　言

《中英议论文体的语篇修辞性研究》是教育部人文社科基金项目成果。历时四年，完成了七项实证研究。本课题主持人是刘东虹教授，主要成员有：甘琼老师、董方峰副教授、唐丽君博士、张茂林老师和向宗平副教授，以及硕士生万芳同学和徐意瑛同学。甘琼老师、董方峰副教授和唐丽君博士为本课题收集了部分语料。万芳同学和徐意瑛同学在我校攻读硕士学位期间参与了本课题的数据收集。在此感谢所有成员及参与者的辛勤劳动和大力支持！

语篇修辞各个方面的鉴定比较烦琐。虽然语料库方法已发展相当迅猛，但不是所有数据的收集都可以依赖语料库的软件进行，所以本课题大部分数据的采集都是人工进行的。为了做到研究的严谨性和数据的准确性，我们对于编码者的培训很严格，每项研究的数据收集都是反复多次。而且编码者之间的一致性、Kappa 系数、相关系数等都达到较高程度后，才确定采用数据。

本课题的研究中已发表 7 篇期刊论文。其中 CSSCI 期刊论文 4 篇，ESCI 期刊论文 1 篇，国内一般期刊论文 3 篇。此外，基于本课题的博士论文有 1 篇，硕士论文有 4 篇。

《中英议论文体的语篇修辞性研究》的首要特点是将写作修辞学理论与实证研究相结合。每章介绍不同的写作修辞学理论，并呈现以该理论为框架的实证研究。这是本书的创新点，目前还未发现此类学术专著。其次，本书对写作修辞学理论进行了系统、详细的介绍和探究，对于被误读的理论进行了理性分析和澄清。此外，本书实证研究的视角新颖，不再局限于英语写作教学法和作文反馈方式的研究，而是聚焦于语篇本体，从写作修辞学的各种角度进行调查分析。

　　本书的读者对象是从事应用语言学、修辞学和写作研究的高校老师、研究人员、博士生和硕士生。

　　由于作者研究水平有限，才疏学浅，书中存在一些纰漏和瑕疵。望读者批评指正！

刘东虹

于南湖华大家园

2020 年 1 月 23 日

目　录
CONTENTS

第一章　概论 ……………………………………………………………… 1

   第一节　关键词界定 …………………………………………………… 1

   第二节　研究背景 ……………………………………………………… 2

   第三节　全书内容安排 ………………………………………………… 4

第二章　逻辑推理与议论文写作 ………………………………………… 5

   第一节　前言 …………………………………………………………… 5

   第二节　亚里士多德的四种推理方式 ………………………………… 5

   第三节　两种推理方法 ………………………………………………… 6

   第四节　推理方法与写作 …………………………………………… 13

   第五节　写作中的逻辑谬误 ………………………………………… 24

   第六节　实证研究 …………………………………………………… 28

   第七节　小结 ………………………………………………………… 44

第三章　汉语议论文修辞模式与英语写作——比较修辞学视角 ……… 46

   第一节　前言 ………………………………………………………… 46

第二节 对比修辞学与比较修辞学 …………………… 46

第三节 相关研究 …………………………………… 48

第四节 研究方法 …………………………………… 51

第五节 研究结果 …………………………………… 56

第六节 讨论 ………………………………………… 64

第七节 小结 ………………………………………… 68

第四章 论证的充分性与说服力——基于图尔敏模式的研究 ……… 70

第一节 前言 ………………………………………… 70

第二节 图尔敏模式 ………………………………… 71

第三节 "理由"是什么 …………………………… 73

第四节 图尔敏模式的修改补充 …………………… 86

第五节 图尔敏模式与议论文写作研究 …………… 89

第六节 实证研究一 ………………………………… 95

第七节 实证研究二 ………………………………… 115

第八节 小结 ………………………………………… 123

第五章 英语母语者和英语学习者的语篇修辞关系比较 ………… 125

第一节 前言 ………………………………………… 125

第二节 研究背景 …………………………………… 125

第三节 修辞结构理论 ……………………………… 126

第四节 基于修辞结构理论的应用研究 …………… 129

第五节 研究方法 …………………………………… 132

第六节 研究结果 …………………………………… 135

第七节 讨论与结论 ………………………………… 137

第八节　小结 ………………………………………………… 141

第六章　修辞结构理论视角下英语学习者段落承题方式研究 ……… 143
　第一节　前言 ………………………………………………… 143
　第二节　相关研究 …………………………………………… 144
　第三节　研究设计 …………………………………………… 147
　第四节　研究结果 …………………………………………… 151
　第五节　讨论 ………………………………………………… 153
　第六节　结论与启示 ………………………………………… 156

第七章　议论文写作中的劝说性修辞策略 ………………………… 158
　第一节　前言 ………………………………………………… 158
　第二节　修辞策略的界定 …………………………………… 158
　第三节　相关研究 …………………………………………… 163
　第四节　实证研究 …………………………………………… 166
　第五节　研究结果 …………………………………………… 168
　第六节　讨论 ………………………………………………… 180
　第七节　小结 ………………………………………………… 183

参考文献 …………………………………………………………… 184

第一章

概　论

第一节　关键词界定

一、劝说性文体与议论文体

"劝说性文体"的界定在修辞学与写作界并不一致。佩雷尔曼（Perel-man）和奥布里奇特－泰提卡（Olbrechts－Tyteca）（1969）认为应该把"劝说"和"论辩"两个概念区分开来。"劝说"含义较广，包括"论辩"。其目的是赢得读者，方法可以采用逻辑推理（论辩）、诉诸情感、诉诸人格。对劝说的界定是依据亚里士多德的劝说性三诉诸策略。"论辩"的最终目的和"劝说"一样，也是为了说服听众/读者。由此可见，"劝说性文体"涵盖"论辩性文体"，是上义词。然而，英语学习者的写作很难使二者泾渭分明。为了便于研究，本研究中统称"议论文体"。采用克劳赫斯特（Crowhurst）（1990）的定义，即"提出论点—在全文中支持论点—说服读者"的文体。英语"议论文体"可议可辩，可有少量的情感表达，对应于汉语的"议论文"。

二、语篇修辞

希尔瓦（Silva）（1993）认为研究焦点为句子层面以下的属于语言研究，聚焦于语篇层面的为修辞研究。以前不少研究虽然涉及语篇层面，但是大多关注语段或句子间的衔接手段，因为汉语被认为是意合型的语言，缺少显性连接，即连接词，从而影响中国学生的英语写作。这种观点在 20 世纪八九十年代风靡一时，不少研究聚焦于中国英语作文中的连接词。然而，我们认为这些研究仍然停留在词汇层面，因为多数研究通过自建语料库或者使用现存的语料库，来统计某些词的出现频率，没有涉及语篇层面的修辞模式和逻辑推理。本研究只关注句子以上层面，如句间修辞关系、语段内的逻辑性等，因此我们称为"语篇修辞"研究。

第二节　研究背景

　　国外关于英语语篇修辞方面的实证研究，主要关注主题句的位置，如陈伟杰（Chen Weijie）（2011）和斯密斯（Smith）（2008）的研究；以及语篇修辞结构，如蒙诺－卡萨斯（Monroy－Casas）（2008）、尤萨尔（Uysal）（2008）、希若斯（Hirose）（2003）、苏利文（Sullivan）等人（2012）等。如希若斯（2003）比较了日本学生的日语和英语作文的语篇修辞结构，发现绝大部分学生两种语言的作文都采用演绎式，说明了英语通过网络、媒体、报刊等对日本学生产生了较大的影响。苏利文等人（2012）认为间接、关联性思维是汉语语篇写作的特点，不少汉语语篇趋于采用隐喻式语言迂回表达思想。此外，云耐特（Rinnert）等人（2015）研究发现，英语为第二语言的学习者英语写作经验越多，对英语语篇修辞的认识越接近英语本族语者。有少量研究涉及段落内部句子之间的逻辑语义关系，如戈多（Godo）（2008）。戈多（2008）比较了匈牙利和北美大学生的议论文。此外，雷德（Reid）（1996，2000）、艾里森（Allison）等（1999）研究涉及主题句与承题句之间的关系。

　　国内语篇修辞方面的研究较少触及宏观修辞层面，大多聚焦于词语、句法的正确性、合适性、复杂性等微观修辞层面，如徐晓燕（2013），赵俊海、陈慧媛（2012）和鲍贵（2009）。语篇层面的宏观修辞研究主要关于论点句和主题句的位置，写作中存在的问题（蔡基刚，2007；李志雪，2000；吴婧，

2003；朱莉，2005），以及英汉思维模式的差异等（刘宽平，周业芳，2004）。少量研究涉及语篇修辞结构，如刘东虹（2015）探究学习者在英语写作中的概括性语言的特征、发展规律及影响因素，展示了学习者在知识转化层面的情况，包括预言性语言、总结性语言和抽象实体回指。齐放（2011）对学生英语议论文段落的文体模式特征、成因和学习者因素进行了分析和讨论，杨玉晨（2005）认为中国学生的英语写作实际上使用的是汉语写作的思维方式。极少研究涉及文章的说理性、说服性等，采用比较修辞学方法做研究的文章更是寥寥无几。此类研究如潘璠（2011），该研究发现我国学习者不擅长使用隐性说服手段进行委婉含蓄的说服，而主要依靠显性说服手段如大量义务情态动词来说服读者，推销自己的观点。

总之，如贝尔切尔（Belcher）（2014）所言，母语的修辞传统对于写作者的第二语言语篇的影响，国际学术界仍然关注偏少。国内语篇层面的宏观修辞研究，涉及英语学习者劝说性文体方面，采用比较修辞学进行的实证研究还很缺乏，因而不少观点和结论缺少翔实的数据支撑。特别是语篇内部逻辑语义关系的研究，更加缺乏。

在全球化背景下，老师学者们的两种态度与做法较为突出。一种是把全球化看作美国民主的延伸，持积极迎合的态度，强求在任何语境中都采用英语范式。另一种是把全球化看作美国军事霸权主义的扩张，从而采取抵抗敌对态度，忽视甚至抵制英语语言范式，完全不理会其修辞逻辑特征。这两种态度都是偏激错误的，因此需要有第三种做法，即派尼（Payne）（2009）所说的"新新修辞学"。这需要既考虑国际的跨文化问题，同时还应立足于具体层面做研究，才能提出合适的理论。鉴于此，本课题考察不同语境中，不同语言水平的英语学习者写作中的论辩性、承题方式、修辞关系、语篇修辞模式、修辞策略等问题。

第三节 全书内容安排

本书共七章，主要探讨关于第二语言学习者议论文体中的语篇修辞性。书中详细介绍了有关议论文写作的修辞学理论，如演绎和归纳，对比修辞学与比较修辞学，图尔敏模式，修辞结构理论以及劝说性策略，并对理论进行探究评论，对相关研究进行综述。每章的实证研究如下：第二章是中国学生的汉语和英语议论文修辞特征调查。已发表的主要相关论文有《演绎还是归纳：二语写作研究中的误区》（《外国语文研究》2018 年第 1 期），《演绎和归纳之外中国学生议论文有何特征？——比较修辞学视角》（*What Characterizes Chinese Students' Exposition besides Deduction and Induction? —A Comparative Rhetoric Perspective*）［《中国应用语言学》（*Chinese Journal of Applied Linguistics* 2019 年第 4 期）］。第三章探讨汉语修辞模式，对后面要研究的英语写作的影响进行铺垫。已发表的主要相关论文有《现代汉语写作接近英语规范吗?》（*Is Modern Chinese Writing Close to Contemporary English Writing?*），该文于 2020 年发表在由 Keith Lloyd 主编的《鲁特利治世界比较修辞学手册》（*Routledge Handbook of Comparative World Rhetorics*）一书中。第四章有两项实证研究，调查分析英语和汉语议论文己方论证的充分性和反方论证的说服力。已发表的主要相关论文主要包括《图尔敏成分"理由"与现代汉语论证性语篇》（《当代修辞学》2020 年第 3 期），《中国英语学习者论证图示的变化——基于 Toulmin 模式的纵向研究》（《现代外语》2020 年第 6 期）。第五和第六章的两项研究均基于修辞结构理论，分别探讨句间修辞关系与段落承题方式。已发表的主要相关论文主要包括《英语学习者段落承题方式与修辞关系研究》（《现代外语》2015 年第 4 期），《英语母语者和学习者的语篇修辞性研究》（《外语教学》2020 年第 2 期）。第七章研究不同语言水平的英语学习者议论文修辞策略使用的发展性特征。

第二章

逻辑推理与议论文写作

第一节　前言

"Logos"是希腊文"声音"的意思，后来演变为"推理"。由此派生出英语单词"logic""logical"。亚里士多德（Aristotle）（2015）对推理做了定义："在讨论中以一些现存的事物为前提，从而产出必然的结果。"本章首先介绍亚里士多德的四种推理方式，以及"演绎"和"归纳"两种推理方法。然后探讨"演绎"和"归纳"两种方法在议论文写作教学和研究中的应用以及种种误解，并对误解进行澄清。之后，介绍议论文写作中常见的逻辑谬误。最后是一项实证研究，探讨中国学生的汉语和英语议论文中演绎、归纳以及其他修辞特征。

第二节　亚里士多德的四种推理方式

亚里士多德提出四种推理方式：科学证明（scientific demonstration）、辩证推理（dialectic reasoning）、修辞推理（rhetoric reasoning）、异议和错误推理（contentious reasoning）（Crowley, Hawhee, 2004）。这四种推理方式均以前提开始，从前提中推出结论。

科学证明的前提是科学家等专家普遍认为的真理，如"地球围着太阳转"

"水在零摄氏度会结冰"是经过考证的千年不变的真理。科学证明往往通过实验来证明某个原理或原则。

辩证推理的前提是智者的言语或思想，如孔子的教诲"三人行则必有我师"。辩证推理在理性的、冷静的对话和讨论中解歧，从而达成一致。

修辞推理的前提是一种文化或一个社会中绝大多数人认同的观念，如主流价值观"一家之计在于和，一生之计在于勤"，孝文化提倡的"堂上二老是活佛，何用灵山朝世尊"。

而异议和错误推理的前提是似是而非的，似乎为不少人推崇的论断、谎言或错误论断。如，"各人自扫门前雪，哪管他人瓦上霜""人无横财不富，马无夜草不肥"。基于这类前提的推理若按逻辑规则进行，姑且可以称为推理。但若不按逻辑规则进行，则不能算推理，只能是逻辑谬误（亚里士多德，2015）。

科学证明、辩证推理、修辞推理的前提差异在于确定程度的不同。古修辞学家们都是用确定的论断来证明不确定论断，从已知推导出未知。亚里士多德在《题论》（*Topics*）中将辩证推理和修辞推理合而为一，认为推理本身就是辩证的，推理的前提应该是普遍接受的论断（亚里士多德，2015）。

第三节 两种推理方法

一、演绎法

亚里士多德认为，人们发现真理的过程向两个方向发展：演绎和归纳。演绎法指从普遍性前提推断出有关特殊个体的结论，结论具有必然性。演绎法也称为"三段论"（syllogism），典型的三段论由大前提、小前提和结论构成。大前提是普遍认同的思想、观念、规律、法则、可感知的经验等。大前提和小前提中的共同概念称为"中项"，如例（1）中的"人"。结论包括两个部分，主语和述谓，逻辑学上分别称为"小项"和"大项"（李衍华，2011）。如例（1），结论中的"阿朱"是小项，"死"是大项。大项也必须出现在大前提中。

例（1）　大前提　　人终有一死
　　　　　小前提　　阿朱是人
　　　　　结论　　　所以阿朱会死

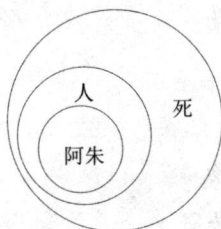

图2.1

　　结论的述谓部分之所以称为大项，是因为其涵盖的范围大于中项和小项。也就是说，在前提中不仅仅中项，其他事物也可能具有大项所表述的特征或属性。如例（1），大项"死"不仅仅涵盖中项"人"，也包括动物、植物、微生物。小项必须是中项的一部分，即"中项的具体实例"。各项的包含关系如图2.2所示。大前提中应该包括大项和中项，小前提中包括小项和中项，结论中包括小项和大项。

图2.2　前提中各项的范围

例（1）中大项"死"包含中项"人"，小项"阿朱"是中项"人"的一个实例，因此必然推导出结论"阿朱会死"。该结论为真，且有效。例（2）的小前提中"白头翁"和大前提中的"白头翁"不是同一个概念，即不能构成中项。三段论缺少一项，因此推理无效。若把"老王"换成"我家的盆栽"，"白头翁"则成为中项，"我家的盆栽"就成了中项的实例，见例（3），结论为真。

例（2）　白头翁是一种植物

　　　　老王是白头翁

　　　　老王是一种植物　　　　　　　　　　　　　　（李衍华，2011）

例（3）　白头翁是一种植物

　　　　我家的盆栽是白头翁

　　　　我家的盆栽是一种植物

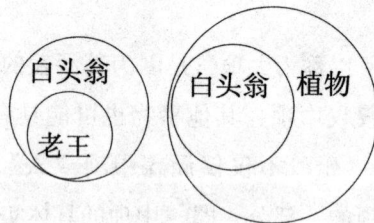

图 2.3

例（4）中犯错误的不仅仅是人，还有动物，应该为大项。而小狗是动物，得出的结论却不合常理。犯了两个错误：中项"人"和小项"小狗"没有包含关系；小前提的结构不正确，没有中项。这种结构不符合推理规则，因此推理无效。

例（4）　人都会犯错误

　　　　我家的小狗犯了错误

所以我家小狗是人

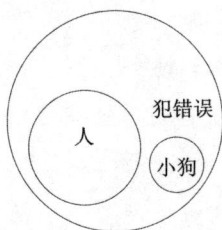

图 2.4

以上几例都是违反了概念的包含关系或错位所造成的无效推理。上述例子中三个论断都是肯定句，小前提要求以肯定句的形式包括中项和小项，结论才会正确。但如果用否定句，对中项进行否定，那么就会导致错误结论。如例（5），大项"有运动天赋"的人不仅仅包括我们系的教授，所以陈教授虽不是我们系的教授，但也有可能有运动天赋，例（5）结论错误。如果小前提中否定的是大项，则会得到正确的结论，如例（6）。因此，小前提的表述原则除了"包括小项和中项"以外，还应该是"肯定中项，或否定大项"。

例（5）我们系的教授个个都有运动天赋

　　　　陈教授<u>不是</u>我们系的教授

　　　　陈教授没有运动天赋

例（6）我们系的教授个个都有运动天赋

　　　　陈教授<u>没有</u>运动天赋

　　　　陈教授不是我们系的教授

前面我们讲了大前提正确的情况下，要符合推理规则，才能得出正确的结论。如果前提错误，即使符合推理规则，得出的结论也是错误的。笔者曾和历史系、生物系的三位老师一起出差，路上无聊，有人建议玩牌。我不擅长此道，推辞不掉，便硬着头皮凑合，屡输。有人惊叹："都说外语系的老师很会玩，你咋就不会呢！"由于大前提错误，所以结论错误，导致失望。写成三段论，见例（7）。

> 例（7）外语系的老师都会玩牌
>
> 　　　你是外语系的老师
>
> 　　　你会玩牌

上述的三段论都是"直言三段论"（Categorical Syllogism），此外还有"假言三段论"（Hypothetical Syllogism）和"选言三段论"（Either – Or Syllogism）。假言三段论常以含有条件从句的句子作为大前提，其中条件句为中项，主句为大项。小前提要么肯定中项，要么否定大项，如例（8）和例（9）。

> 例（8）如果是我们系的教授，那么就有运动天赋
>
> 　　　陈教授是我们系的教授
>
> 　　　陈教授有运动天赋
>
> 例（9）如果是我们系的教授，那么就有运动天赋
>
> 　　　陈教授没有运动天赋
>
> 　　　陈教授不是我们系的教授

选言三段论的大前提包含两个选择，非此即彼。小前提否定其一，结论为另一个选择。如例（10）。

> 例（10）明天我们要么去磨山健走，要么开车去星巴克
>
> 　　　我们不想去磨山健走
>
> 　　　那么我们开车去星巴克

实际生活中，无论说话还是写作，使用最多的是三段论的省略式（enthymeme），也称为"修辞三段论"（Rhetorical Syllogism），只有大前提或小前提或结论。如例（6）可以改写成"陈教授不是我们系的教授，因为他没有运动天赋"，此论断只有小前提和结论，省略了大前提"我们系的教授个个都有运动天赋"。有时甚至省略结论，只提供大前提或/和小前提，让读者参与推理，得出结论。如例（10）可以保留"明天我们要么去磨山健走，要么开车去星巴克，但我不想去磨山"，读者/听话人得出结论"明天开车去星巴克"。或者只提供小前提"明天我不想去磨山"，从而得出结论"明天开车去星巴克"。有时还可以省略小前提和结论，只保留大前提。常见于谈话中，如例（11）只有大前提"我不想买豪车"，可以补充成完整的三段论。

　　例（11）甲：你想买奥迪吗？

　　　　　　乙：我不想买豪车。

　　　　　　大前提：我不想买豪车

　　　　　　小前提：奥迪是豪车

　　　　　　结论：我不想买奥迪

　　亚里士多德在《修辞的艺术》中指出，有些三段论省略式的推理是基于符号。例如，天上乌云密布，可以得出天要下雨的结论；咳嗽意味着感冒；打喷嚏说明着凉了。再如，老阎单位开会必到，除非生病了。这是大前提，存在于语境中。有一次老阎没来，这个符号是小前提。于是同事们推断，老阎生病了。

　　还有一种三段论省略式与视觉有关。图像起到前提的作用，观众来构建意义，做出推断。如，各种类型的广告、宣传视频。

二、归纳法

　　严格地说，亚里士多德并不认为归纳是推理。后来的修辞学家们把归纳也看作一种推理形式。卡凡达（Cavender）和卡哈尼（Kahane）（2010）认为，最常用的归纳法是"列举归纳法"（Induction by Enumeration），从个体特殊性即多个例子中，得出能概括群体属性的结论，如图 2.5 所示。这些个体例子就是特殊前提。亚里士多德的经典例子见例（12），从"有经验的舵手"（the skilled pilot）和"有经验的战车夫"（the skilled charioteer）两个特殊前提中，得出"在任何特殊领域中有经验的人是最好的"（the skilled person is the best person in any particular sphere）这个概括性的结论。

例（12）If the skilled pilot is the best pilot

　　　　and if the skilled charioteer the best charioteer

　　　　then the skilled person is the best person in any particular sphere

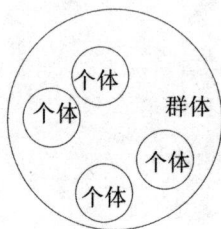

图 2.5

例（13）列举了几个例子后，得出"小孩子都喜欢吃巧克力"的结论。如果说演绎法得出的结论是确定的，那么归纳法得出的结论则是或然性的，具有不确定因素。归纳法中例子的数量与典型性起关键作用。当然，举例时不必穷尽同类中所有的个体，只要提及足够多的个体，能使大多数读者接受概括性结论，这个归纳式语篇就具有说服力。

例（13）我家胖胖喜欢吃巧克力

　　　　隔壁的小宝喜欢吃巧克力

　　　　楼下王奶奶的孙子也喜欢吃巧克力

　　　　楼上刘爷爷的外孙也喜欢吃巧克力

看来，小孩子都喜欢吃巧克力

类比也是一种常用的归纳法（卡凡达，卡哈尼，2010），与列举归纳法十分相似。从两个事物的几个相似方面进行比较，推出在另一个方面的相似性。如，兄弟两人长得很像，都喜欢运动，吃肉，喝咖啡，因哥哥擅长油画而类推出弟弟也一样有此特长。也可以根据所列举的具有同一属性的例子，而得出某一个体也具有同样的属性。如，调查了10位中年教师后，发现他们都喜欢喝茶提神，从而类推出第11位教师一定也用茶提神的结论。这个结论是针对个体，即第11位教师，而不能概括所有的中年教师。这是与列举归纳法的不同之处。因此也比列举归纳法有更高的可信度。

第四节　推理方法与写作

一、写作中的演绎与归纳

在实际语言运用中，特别是在写作中，常常加入许多叙述、说明或议论的语言成分，必须剥离出这些成分，才能分析出三段论的推理思路（李衍华，2011）。三段论的省略式表现在段落层次上，结论可以放在段首或者段尾，充当主题句。也可以是省略结论的无主题句段落。例（14）没有主题句，但透过叙述和议论，可以得出"鸿鹄之志与细腻情感共存于心"的结论。例（15）有段首主题句，即三段论省略式的结论。该段从四个方面说明机械师和外科医生的相似之处。

例（14）"九死南荒吾不恨，兹游奇绝冠平生！"苏子心中自有虎啸龙吟，
如那追逐巅峰的苍鹰，手持刀剑，锋芒逼视，然尽管无畏如他，
也依然不忘在征服的途中追忆亡妻"十年生死两茫茫"，也依然

拥有享受生活宁静安详的勇气，长叹一声"此心安处吾乡"！

（2013 年湖南省满分作文《心有猛虎，细嗅蔷薇》）

例（15）Being a jet mechanic is a lot like being a surgeon. The jet mechanic has to examine an engine just as carefully as a surgeon examines a person when something is wrong. After diagnosing the problem, both the surgeon and the mechanic have to take on the intricate and complicated job of fixing it. Jet mechanics use expensive instruments and tools, just as surgeons do, and both are required to know everything about their profession, or the operation could be a failure. The work is difficult, hard, and time – consuming in both jobs; however, the mechanic and the surgeon both feel a certain satisfaction when the jet engine works properly, or when the cured patient walks out of the hospital door.

　　用归纳法写作，对例子的数量和质量有较高要求。首先，不能只用一个例子得出结论，否则就犯了"以偏概全"的逻辑谬误。其次，例子和主题，以及例子之间要有密切相关性，否则无法推导出概括性的结论。此外，例子还要具有代表性，不能是空前绝后的特例。和演绎式段落一样，归纳式段落的结论不一定都放在段尾，也可以在段首。克劳利和豪希（2004）归纳式段落的例子中就是从结论开始，见例（16）。首先提出"20 世纪 20 年代是褊狭的，缺少包容的年代"（The 1920s are remembered as a decade of intolerance. Bigotry was as much a symbol of the period as Prohibition, flappers, the stock market boom, and Calvin Coolidge），然后举了一系列的例子，如宣扬种族歧视及暴力的三 K 党，国会限制天主教徒及犹太人移民，名校减少犹太学生的招生名额，被判抢劫谋杀罪而处死的萨克和范泽提冤案，从中进行归纳推断，从而支持段首的结论。例（17）没有主题句，段落列举了居里夫人、球迷、雷杜德、余秋雨，从中可以得出"心在哪里，哪里的风景最美"的结论。例

（18）是北宋宰相吕蒙正的一篇流传了上千年的《破窑赋》。段落没有主题句，列举了颜渊与盗跖，尧帝与瞽叟，楚霸与汉王这些相反的人物命运，以及孔子与姜太公，张良与萧何，晏子与孔明，李广与冯唐，韩信等自身命运的变化，借以说明富贵、才华、贫贱、愚钝等都不是成功的必要条件，天命主宰一切。

例（16）<u>The 1920s are remembered as a decade of intolerance.</u> Bigotry was as much a symbol of the period as Prohibition, flappers, the stock market boom, and Calvin Coolidge. It was the only time when the Ku Klux Klan paraded en masse through the nation's capital. In 1921 Congress restricted immigration for the first time in American history, drastically reducing the influx of Catholics and Jews from southern and eastern Europe, and the nation's leading universities adopted admission quotas to restrict the number of Jewish students. The Sacco and Vanzetti case, in which two Italian American anarchists were executed for robbery and murder in a highly questionable prosecution, has always been one of the symbols of the anti – immigrant tenor of the period.

例（17）居里夫人的心在实验室，放射性元素放射出的射线绘制的云空图是她眼中最美的景色；球迷们的心在场上，球飞出时的轨迹是他们眼中最美的风景；雷杜德的心在玫瑰花上，画纸上的玫瑰花是他眼中最美的风景。风景随心，都说江南美景太美，可江南美景在构造上能有多美？究其原因，怕还是余秋雨在名篇《江南小镇》中提到的："江南不仅是江南，还是许多人梦境的发生地。"人们将想象、将心放在江南，于是有了阳春三月，草长莺飞，山水画一般的美江南。（2014 年湖南省满分作文《风景随心》）

例（18）盖闻：人生在世，富贵不能淫，贫贱不能移。文章盖世，孔子
厄于陈邦；武略超群，太公钓于渭水。颜渊命短，殊非凶恶之
徒；盗跖年长，岂是善良之辈。尧帝明圣，却生不肖之儿；瞽
叟愚顽，反生大孝之子。张良原是布衣，萧何称谓县吏。晏子
身无五尺，封作齐国宰相；孔明卧居草庐，能做蜀汉军师。楚
霸虽雄，败于乌江自刎；汉王虽弱，竟有万里江山。李广有射
虎之威，到老无封；冯唐有乘龙之才，一生不遇。韩信未遇之
时，无一日三餐，及至遇行，腰悬三尺玉印，一旦时衰，死于
阴人之手。

二、研究中的误解

国内外二语写作领域对演绎和归纳的理解并不一致，存在一些普遍性的
误解。

（一）误解一：主题句的位置作为判断标准

许多研究者对归纳和演绎这两个概念有误解。误解较深的是，通过主题
句或主张句（claim）的位置决定段落或文章是归纳还是演绎。如果主题句或
主张在段首，则段落为演绎式；如果在段尾，则为归纳式（王朝波，1992）。
王朝波（1992）把段落分为七种模式：①"解释＋结论"；②"详述＋结
论"；③"主张＋解释"；④"主张＋详述"；⑤"主张＋（主张＋解释＋结
论）"；⑥"主张＋解释＋结论"；⑦"主张＋详述＋结论"。第一、二种为归
纳式，第三、四种为演绎式，其余为混合式。总之，王朝波认为，先提出观
点的段落为演绎式，后提出观点的段落为归纳式，段落首尾均提出观点的段
落为混合式。特科伦－康迪特（Tirkkonen－Condit）和列夫兰德尔－科伊斯迪
伦（Lieflander－Koistinen）（1989）认为，如果主题出现在语篇的前三分之
一，则该语篇为演绎式；若主题出现在语篇的后三分之一则为归纳式。然而，
这种简单的划分不符合古典修辞学对于归纳和演绎概念的解释。不能仅凭结
构或中心思想的位置判断文章是演绎型或归纳型，具体要看推理方式。

此外，王朝波（1992）把段落首尾均出现主题句的情况视为演绎与归纳的混合。吴应天（1989）称之为"演归型"，其结构为"总论—分论—结论"。这种结构实际上是古典修辞学中"演说五步法（five - part of speech）"的简略形式。"演说五步法"包括：起始，述题（提出论点），呈列分论点，论证（提供论据论证分论点）和反驳，结论。现代英语写作中常常采用省略式，如苏特（Souter）（2007）省略"呈列分论点"和"反驳"，即成为"总论—分论—结论"。从结构上看，"总论—分论—结论"更像是演绎式。

（二）误解二：举例即归纳

还有学者认为举例即归纳，认为三段论是演绎推理的主要形式，举例则是归纳推理的主要形式，归纳推理的例子要具有代表性。如，有学者以著名的三鹿公司为例进行分析，得出不重视食品安全的公司可能会垮掉，并称之为"归纳法"（蓝纯，2010）。然而，笔者认为，虽然该结论合乎道德伦理，但是其推理前提是建立在人们普遍接受的道德之上。而且三鹿公司仅仅是个案，没有更多相同性质的例子来推导出共性。所以这种推理不能算归纳法。

（三）误解三：间接等于归纳

朗·司考伦（Scollon）和苏珊·司考伦（Wong - Scollon）（1991）以及陈弗雷德（Chen Fred）（1999）把间接性等同于归纳法。朗·司考伦和苏珊·司考伦（1991）认为，亚洲人谈话往往先谈一些小话题，然后才进入正题。这是因为要做一些面子工作（facework），寒暄一番。他们把这种间接性的谈话模式称为"归纳法"，把西方开门见山的谈话方式称为"演绎法"。朗·司考伦和苏珊·司考伦（1991）还认为，汉语中的先因后果的顺序就是归纳法的体现。但是笔者认为，演绎和归纳是逻辑推理的方法，并不适用于分析对话寒暄等口语交际。

三、对误解的澄清

（一）演绎与归纳的正确界定——澄清误解一

根据克劳利和豪希（2004）的界定，演绎法指从普遍性前提推断出有关特殊个体的结论，这是一种典型的三段论（syllogism）。但无论说话还是写作，使用最多的是三段论的省略式（enthymeme），只有大前提或小前提和结论。甚至省略结论，只提供大前提或/和小前提，让读者参与推理，得出结论。表现在段落层次上则是无主题句的段落。"在实际用语言表达的三段论中，常常加入许多叙述、说明或议论的语言成分，必须剥离出这些成分，才能分析出三段论的推理思路。"（李衍华，2011）

归纳法则是从个体特殊性即多个例子中，得出能概括群体属性的结论。举例时不必穷尽同类中所有的个体，只要提及足够多的个体，能使大多数读者接受概括性结论，这个归纳式语篇就具有说服力。此外，结论不一定都放在段尾，也可以在段首。如例（16）。

逻辑学研究者们认为演绎是"非扩展"性的，结论没有超出前提的范围。归纳则相反，是"扩展"性的，结论具有概括性（夏年喜，1998）。如图 2.6 所示。就自然顺序而言，演绎和归纳都是最后得出结论。三段论演绎法的推理顺序为"大前提—小前提—结论"，归纳法的顺序为"例 1—例 2—例 3—结论"。但在实际写作中，结论有可能先提出，再进行推理或归纳。因此，仅凭结论是否在段首并不能准确判断该段是演绎还是归纳。

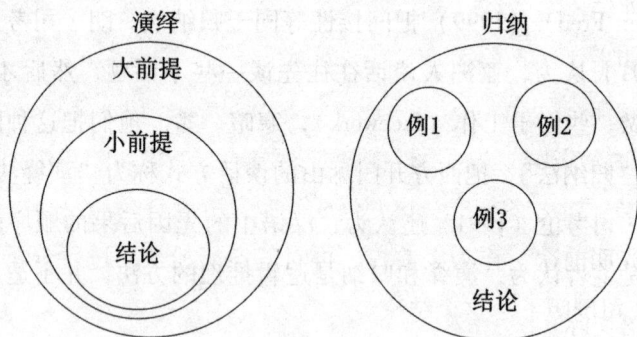

图 2.6　演绎和归纳示意图

（二）对例子的正确判断——澄清误解二

值得注意的是，例子不仅仅是归纳法独有的现象，演绎法也可以用例子。

三段论的小前提通常都是大前提中类属概念的个例，如"王单"是"翻译"这个类属概念的例子：

大前提	翻译都懂外语
小前提	王单是翻译
结论	王单懂外语

但克劳利和豪希（2004）指出，演绎法和归纳法中的例子不能混为一谈。演绎法采用例子仅仅为了说明个体，即就事论事，或进行比较与对比，而不是从个体中找出普遍特征。比如，采用演绎法的作者以邻居家的狗为例，因为这只狗使他想到了某件事可以支持或说明某个观点。但不会像归纳法那样，从附近的许多只狗中得出概括性结论。

米斯麦尔（Missimer）（1990）也指出归纳需要"从一系列特殊性例子中走向概括性，做出归纳性跳跃"。她以吃橙子的经验为例，因为以前吃的一些橙子均是美味的，所以得出"下次的橙子一定美味"这个结论。[①] 而且采用归纳法论证时用于供自检的几个问题之一就是"是否有足够的特殊性例子用以得出概括性结论"。这些均说明归纳法不是仅仅涉及一个例子。

总之，如果仅从一个例子中得出概括性结论，则犯了"以偏概全"（hasty generalization）的逻辑错误，其论证难以使人信服。然而，如果对一个例子进行分析，在前提正确的情况下得出针对该例子的结论，则运用了演绎法，不会犯逻辑错误。如三鹿奶粉公司的例子，以"不重视食品安全的公司不会有持续发展的光明前途"作为大前提，再对三鹿奶粉公司进行分析，最后得出"三鹿奶粉公司倒闭了"这个结论。

---

① 米斯麦尔（Missimer）（1990）的观点也有不足之处。她认为进行了从特殊到一般的"归纳跳跃"（inductive leap）。但"下次的橙子"仍然是特殊，这是"从特殊到特殊"，似乎不符合归纳法"从特殊到一般"的属性。我们认为，中间确实有跳跃或省略，省略了一般性结论"橙子几乎都是美味的"，而这个结论又是下一个推论的前提，其结论为"下次的橙子一定美味"。这是"修辞三段论"（enthymeme），十分常用。

（三）间接不等于归纳——澄清误解三

从上文对归纳法的界定中可以看出间接和归纳是两个不同的概念。也有个别写作修辞学领域的学者注意到这个问题，如莫汉（Mohan）和罗（Lo）（1985）。他们对汉语文章的分析比较客观，并且清楚地指出归纳并不等于间接，演绎并不等于直接。他们以《孟子》中《离娄（上）》的一段为例：

> 孟子曰："离娄之明，公输子之巧，不以规矩，不能成方员；师旷之聪，不以六律，不能正五音；尧舜之道，不以仁政，不能平治天下。

莫汉和罗指出该段采用归纳法，以"离娄""公输子""师旷""尧舜"为例"直接引向结论——治国之道乃仁政"。同时又以孔子的《论语》中一段为例，指出该段采用演绎法，段落中的句子对段首的概括性话语"直接提供支持"。这些分析说明，无论演绎还是归纳，都可以采用直接或间接手段。该文引用率非常高，在20世纪英汉语篇两极化观点盛行的西方学术界，其影响非常大。然而其后的论文作者们多数只关注莫汉和罗为汉语语篇的直接性和演绎式辩护，而忽略了他们如何辩护。所以莫汉和罗对《孟子》的分析并未引起二语写作界很多关注。

国内学者胡曙中和科艾（Coe）在20世纪80年代的合作研究中也发现，"汉语中基本上有两种段落结构：一种结构类似于归纳性的英语段落，另一种段落类似于开普兰（Kaplan）命名的那种'东方语言特有的螺旋型'段落"（科艾，胡曙中，1989）。螺旋型段落体现了间接性。他们清楚地表明，归纳和间接是不同的。然而，科艾和胡曙中（1989）的观点并未引起二语写作研究者们的重视。

四、二语写作研究论文调查

为了研究二语写作领域对于演绎和归纳的理解情况，本节对于国内外涉及演绎和归纳的期刊论文以及博士学位论文进行了检索、分析和统计。这些期刊论文均涉及中国英语学习者的写作和英汉思维差异。

（一）研究方法

国外期刊论文在普渡大学图书馆网站上检索。"Title"输入"Chinese"，"subject"输入"writing"，"any"输入"deducti∗"，"language"为"English"，"scope"是"article"，"material type"为"article"，"publication time"选"any"（网上能检索到的期刊论文时间段为2001—2016）。学位论文的搜索基本相同，不同点为"material type"选择"dissertation"。"Publication time"虽选"any"，但学位论文时间段自动设定为1992—2017。

国内期刊论文在"CNKI学术期刊网络出版总库"上检索。"篇名"为"写作"，"摘要"为"英语"或"英文"，"全文"输入"演绎"且"词频"为2。限定为CSSCI期刊。但未设定时间，因为研究目的不是进行国内外比较。国内学位论文的检索在"CNKI中国期刊网硕博士论文全文数据库"上进行。限定为"博士"论文，其他关键词同期刊论文。

检索到国外期刊论文12篇，其中3篇为其他研究范围的论文，加以排除；国外学位论文23篇。检索到国内期刊论文12篇，排除2篇文学方向；学位论文6篇，排除2篇文学方向和1篇翻译方向。然后每篇国外论文输入"deduction""deductive""induction""inductive"，国内论文输入"演绎""归纳"进行全文搜索。

（二）研究结果

最后发现这些关于汉语/中国学生写作的归纳与演绎的论文中，正确界定"演绎"和/或"归纳"的国外学位论文有1篇，国外期刊论文有2.5篇，因为其中一篇论文中对文献的解读正确，但研究方法中对数据收集所制定的标准有误。正确理解这两个概念的国内期刊论文有3篇，学位论文1篇。

另外，21篇论文仅在引用文献时提到这些词，而并未做详细解释，因此无从得知作者自己的认识。笔者称之为"模糊"。其中一篇论文中"演绎"具有不同含义，表示"诠释"，如"演绎'快乐写作'的理念"（杨永林等，2008）。表2.1中"错误"和"正确"指作者举例或用文字阐释，展示了自己对概念的理解。

表 2.1　二语写作研究论文调查结果

论文类型	数量	模糊	错误	正确
国外期刊论文	9	3	3.5	2.5
国外学位论文	23	13	9	1
国内期刊论文	10	4	3	3
国内学位论文	3	1	1	1
合计	45（100%）	21（46.67%）	16.5（36.67%）	7.5（16.66%）

　　对演绎和归纳的错误理解，其根源可能是早期的文献对这两个概念的解释过于简单化。如 20 世纪八九十年代欣滋（Hinds）（1983，1990）的研究对演绎和归纳的界定就是凭主题句的位置，而特科伦－康迪特和列夫兰德尔－科伊斯迪伦（1989）则进一步明确了此规则，以三分之一为界来确定演绎还是归纳。自此以后的研究论文便大量引用此标准，而且不断被转引。再如，朗·司考伦和苏珊·司考伦（1991）把间接性等同于归纳法。后来的作者们便引用此观点，如陈弗雷德（1999）。而他的观点又成了其他研究的依据。

　　另一种错误是源于作者对文献的误解，即文献本身无误，而论文作者理解有误。如蔡冠军（1998）将文献中关于汉语写作的"递进法"解释为归纳法。"递进法"即"连锁推理"，属于演绎法。再如，"对比修辞学"研究的创始人开普兰在其发表于 1966 年具有里程碑地位的文章《跨文化教育中的文化思维模式》（Cultural Thought Pattern in Intercultural Education）中，对演绎和归纳做出了正确的界定，并且明确指出英语段落发展中演绎法和归纳法都很常用（开普兰，1966）。然而后来的研究者们对开普兰解读有误，认为他提出英语写作是直接性的、演绎式的，与其他语言的间接性、归纳式对立。而该观点却被不断地转引，加深了对原文的误解。也有作者对文献的归类太粗略，如将演绎等同于直接，将归纳等同于间接，由此造成解读错误。

　　前几种错误往往导致研究方法的错误。主要表现在数据的收集标准上。

作者将主题句的位置作为判断演绎和归纳的标准，将间接表达等同于归纳法。由此获得的研究结果确实存在可信度的问题。

五、余论——正视非归非演式

大量的研究都纠结于中国的英语学习者所产出的语篇是否演绎多于归纳，试图证明中国学生演绎式的语篇越来越多，和英语本族语者没有差别，如科克帕特里克（Kirkpatrick）（1997）、游晓晔（You Xiaoye）（2014）、莫汉和罗（1985）等人的研究。或者分析英语本族语者的语篇，证明其归纳式大量存在，和中国作者的语篇无甚差别（朗·司考伦，苏珊·司考伦，2000）。然而，语篇并不能简单地划分为演绎、归纳、演归混合。演绎和归纳是逻辑推理的两种形式，而诉诸逻辑只是三种劝说手段之一。诉诸情感的语篇则很难判断采用的是演绎法还是归纳法。平克（Pinker）（2014）在论著中提到了休谟的三大修辞关系——"因果"关系、"相邻"关系与"相似"关系。"因果"关系可以构成演绎或归纳式。但其他两种则不可能。汉语语篇在段落层面会出现许多非归纳演绎式。汉语段落的修辞关系中有许多相邻和相似关系，与汉语思维有关。霍尔（Hall）和阿米斯（Ames）（1995）称之为"互系性思维"的作用。如2012年新课标高考语文卷满分作文议论文《民族的脊梁》中的一段：

> ①救人一命，胜造七级浮屠。②孩子们平安归来，心头阴霾烟消云散。③送一大笔钱表达感激之情是船主最原始也是最真诚的方法。④漆工却用两句平淡的话婉言谢绝，"工钱已经给过了"，船的漏洞"那是顺便补的"。

该段落中前面三句可以勉强划入演绎式。①为大前提，②为小前提，③为结论。④看似多余，却是此段意义的关键点。④和前文在意义上是转折，属于"相似"关系，因为"相似"包括相同和相反关系。如果认为此段是半演绎式，则未考虑段落的重心。所以此段既不是演归混合，也不是半演绎式，而应该看作非归纳非演绎式。汉语中此类段落特征如果迁移到英语写作中，则很可能被研究者们牵强地划入演归混合或半演绎式。那么，我们何不承认汉语语篇的独特性，承认修辞方式的多样性，从而深入挖掘这种修辞特征呢？中国英语学习者的语篇并不能简单地划分为演绎或归纳，因为其语篇内部的修辞关系较复杂。"因果"关系较少，"联合"关系较多（刘东虹，2015）。这样的语篇准确地说，便是"非归非演"式。

可以看出，二语写作领域和写作修辞学领域的研究存在着隐形的鸿沟。然而，当今西方的二语写作本身已经从二语习得学科内发展到跨学科（inter-disciplinary），正在变成超学科（transdisciplinary），学科间的界限已变得不重要，将逐渐抹平。那么二语写作研究者们也应该与时俱进，强化修辞学理论基础将成为二语写作研究的必要条件。

第五节　写作中的逻辑谬误

李衍华（2011）把逻辑谬误分为"形式谬误"和"非形式谬误"。前者指违反逻辑规则造成的谬误，如总合谬误、分称谬误、偶然关联、诉诸权威、特例谬误、因果谬误、稻草人谬误、诉诸无知。后者指形式谬误以外的其他谬误，如词语歧义、同语反诉、以人为据、诉诸众人、诉诸情感、双重标准。卡凡达（Cavender）和卡哈尼（Kahane）（2010）则将谬误分为"前提可疑""证据不足""推理无效"三大类。"前提可疑"类包括诉诸权威、稻草人谬误、非黑即白、自相矛盾等。"证据不足"包括循环论证、匆忙下结论、忽略事实。"推理无效"包括以人为据、诉诸无知、牵强附会、错误类比等。可以看出逻辑谬误的分类有多种方式，具体的逻辑谬误也有不同的名称。本节我们只关注议论文写作中常见的逻辑谬误：诉诸权威、稻草人谬误、非黑即白、循环论证、匆忙下结论、以人为据、错误类比、牵强附会。

诉诸权威

诉诸权威（appeal to authority），即盲目引用权威的话语或以权威为例，来支持自己的观点。然而所引话语或事例并不恰当。如例（19）引用庄子《养生主》中的名言"吾生也有涯，而知也无涯"，来说明人应该谦虚。这个论据似乎不恰当，因为全句是"吾生也有涯，而知也无涯；以有涯随无涯，殆矣"。庄子劝人们不要穷尽有限的生命去追求无限的学问，要注意适可而止。

例（19）"吾生也有涯，而知也无涯。"古代学者庄子就很明确地指出了学无止境的道理。假如你知道的是天上的"一颗星"，那么知识就是整个宇宙，辽阔无边。一个人只有掌握了许多必要的、有用的知识，成功的大门才会向你打开。因此，著名学者笛卡儿才会感叹"愈学习，愈发现自己的不足"。的确，只有通过学习，不断扩大知识领域，扩充知识面，储蓄更多的信息，我们才能真正领悟到"知也无涯"的深刻含意。这样我们既不会妄自菲薄，也不会妄自尊大，做到谦逊成熟，不断进取，成功便不招自来。（笑铀：《吾生也有涯，而知也无涯》）

稻草人谬误

稻草人谬误（straw man）指歪曲或误读对方观点，并加以攻击辩论。例（20）爸爸话语中的限定词是"餐厅"，并没有把孩子关起来不让运动的意思。但是妈妈曲解了爸爸的观点，并加以反驳，但这种反驳无效。

例（20）爸爸：我们不应该让小孩在餐厅里乱跑。

妈妈：那你想天天把孩子关在屋里不让他们运动？他们还是孩子，这有违天性啊！

非黑即白

非黑即白（black or white）指把问题简单化，采取两极的态度，非此即彼。例（21）把提前交卷的考生分为两类：非常聪明的和特别笨的。而没有考虑其他情况，这是把人的思想行为简单化。提前交卷的原因有多种，有可能试题出得太简单，也有可能考生身体不舒服等，不能一概而论。

例（21）我发现那些考试提前交卷的人，要么非常聪明，要么特别笨。

循环论证

循环论证（circular reasoning）指论据就是论点的重复。论点是演绎推理中的结论，论据是前提。在写作中需要有多个前提，才能推出结论。然而循环论证缺乏前提。这种现象在学生习作中十分常见，如例（22），段落中只有三句话，第一句提出论点"饮酒过度有害健康"（Excessive drinking is detrimental to health)，第二句是第一句语义的重复，第三句则表达建议。全段始终没有论据说明为什么饮酒对健康有害。

例（22）Excessive drinking is detrimental to health. Drinking excessively causes harm to the body. So we shouldn't drink much at a meal.

匆忙下结论

匆忙下结论（hasty generalization）指根据虽然相关但片面的事实而得出结论。例（23）结论是"在吃的问题上，美国人的现状也十分堪忧"，原因是美国人中午带简单的饭，餐馆费用高并强制性地收取小费。这些都是与吃饭相关的事实。美国学校的师生、公司员工等午饭通常自己带三明治或汉堡的确是事实，但并不是因为没钱上餐馆，而是为了节约时间。美国人的午休时间很短，通常一个多小时。在这么短的时间里是不可能到餐馆去点菜吃饭的。然而美国人的晚餐是正餐，非常丰富。作者却没提，仅根据午餐情况就得出美国人吃饭成问题的结论。此外，餐馆强制性地收服务费只是个别现象，事先会告知顾客，正如国内高档餐厅明确规定收取 15% 的服务费一样。一般都是顾客自愿付费，没人强迫。作者仅根据两个片面的事例就得出结论，出现了逻辑谬误。

例（23）　在吃的问题上，美国人的现状也十分堪忧。民以食为天，很多美国人中午都是自己带饭吃的。两片面包夹一片火腿、一片芝士、一片西红柿、两片生菜叶子，就是一顿饭。美国人为什么吃得如此节约呢？除了他们的味蕾不发达之外，繁重的小费负担也是一个重要原因。在美国吃饭一般要强制收取用餐价格 15%～20% 的小费，不能不给的。所以即便去吃一顿路边小餐厅，人均消费也在 20～40 美元，所以很少有人去，中午一般就直接带个汉堡或者三明治就解决问题了，而且天天如此，顿顿如此。（周小平：《梦碎美利坚》）

以人为据

以人为据（ad hominem）指用不友好的甚至恶毒的言语攻击他人的人格、动机、身体特征等，而不是针对其论点、论据和行为，即对人不对事。例（24）没有从学术功底和研究能力方面质疑老张，而是把老张的易醉体质和写论文联系起来，是人身攻击。

例（24）　那个老张你也相信？动不动就喝醉了，能写出好论文吗？

错误类比

第二节提到，类比是一种归纳法，目的在于从已知的方面找出新的相似方面。如果比较对象没有可比性或所比较的方式不恰当，则是错误类比

(false analogy)。例（25）中，将海滩和图书馆进行类比，并不恰当。二者唯一的相似性在于都属于"公共场所"这个大概念，但是大概念下面的小概念各自有许多不同的属性，而且穿泳装的场合只限于游泳场地，所以海滩和图书馆实际上没有可比性。

例（25）海滩和图书馆都是公共场所，夏天在海滩上可以穿泳装，那么
夏天在图书馆也可以。

牵强附会

牵强附会（non sequitur）指所提供的论据与结论不相关，即无法从前提（论据）中推导出结论。例（26）租客甲从借用厕所这个事实论据中，推断出乙将来一定会用自己的卧室这个结论，并因此而不悦。但二者之间没有必然联系，所以这个推理不成立。

例（26）公寓有两个厕所均在卧室外面，两位租客分别使用，已成习惯。
租客甲回来，刚好碰见租客乙从自己的厕所出来。
租客甲：啊，你怎么用我的厕所！
租客乙：对不起，我的厕所坏了，借用一下。
租客甲：不行，今天用我的厕所，明天就会用我的卧室。

第六节　实证研究

一、研究背景

语篇层面的特征属于修辞范畴（希尔瓦，1993）。中外学者对于汉语语篇修辞特征都做了大量研究，如施玲（Shi Ling）（2002）、毛履明（Mao Lüming）（2006）、卢敏沾（Lu Minzhan）（1994）、科克帕特里克（1997）、

苏利文等人（2012）、王朝波（1992）。这些研究主要集中于演绎和归纳。然而，几十年来对于演绎和归纳的认识错误导致了研究结果的争议。有些学者认为汉语和英语在修辞层面无甚差别（Kirkpatrick，1997），从而认为英语修辞教学无意义，应该放弃写作成品的修辞研究，将注意力转移到"非语篇"方面诸如语言教育政策与机构设立等（游晓晔，2014）。另一些研究则来自英语写作教学界，如李晓明（Li Xiaoming）（2005），陈伟杰（2011），刘兴华（Liu Xinghua）和弗诺（Furneaux）（2014）以及刘东虹（2013），发现第一语言迁移影响中国英语学习者写作修辞模式，从而导致和英语修辞规范的差距。

这些研究存在两个方面的问题。首先，演绎和归纳没有采用统一的定义，研究者在各自不同的定义下进行数据收集和分析，从而产生不同的结果。其次，由于研究方法不同研究的性质也不同，从而影响争鸣的有效性。比如，持英汉语篇修辞无差异观点的研究不是实证研究，缺少足够的论据来支持其结论。因此，需要更多的实证研究来证明中国学生的汉语语篇在逻辑论证上具有英语修辞特征，而且证明中国英语学习者的英语语篇具有同样的特征。然而，只有当衡量标准一致时，比较研究才有效。鉴于此，我们拟研究汉语议论文段落中包括演绎和归纳在内的区别性修辞特征，以及与中国英语学习者的英语段落是否具有相似的特征。

二、语篇中演绎和归纳的相关研究

（一）中国英语学习者英语语篇中的演绎和归纳

多年来有大量的研究对中国英语学习者议论文中的演绎式和归纳式进行了调查和分析，得出了不同结论。有些研究发现归纳式居多，窦卫霖（2004）、珂纳（Connor）（2002）、莫（Mo）（2015）、蔡基刚（2007）等把原因归结为汉语间接性思维和归纳式思维。比如，蔡基刚（2007）分析了210篇大学生作文中的论点句，发现60%以上的论点句要么在篇尾，要么没有。由此认为这些语篇是归纳式，而且是由于第一语言迁移造成的。另一些研究发现学习者语篇倾向于采用演绎式，与英语本族语者没有很大区别（刘兴华，弗诺，2014；游晓晔，2014）。例如，刘兴华和弗诺（2014）对英语和汉语议论文做了跨文化比较，以主题句的位置作为鉴别演绎和归纳的标准。他们发现，中国英语学习者比英语本族语者更倾向于用演绎式，而且汉语语篇中演绎式数量与英语语篇非常接近。

然而，演绎式和归纳式两种模式并不能涵盖所有的语篇。希区柯克（1990）因此提出"半归纳式"（quasi – inductive），用以概括主题句不在段首或段尾，而在段落内其他位置的段落。尽管如此，希区柯克仍然是用主题句位置作为鉴别标准。但问题是，即使主题句不在段首或段尾，该语篇也可能是演绎式或归纳式（克劳利，豪希，2004）。所以，希区柯克的提议不符合演绎和归纳的定义。但希区柯克毕竟指出了演绎/归纳两极化的弊端，这是语篇修辞类型划分方面的进步。后来，蔡冠军（1998）也在中国学生的英语作文中发现了一种不属于演绎和归纳的类型，称之为"并列"（coordination）。然而遗憾的是，他仅仅指出了此现象，而没有进一步讨论分析。鉴于此，还需要更多的研究来考察此类语篇的修辞特征。

（二）汉语语篇中的演绎和归纳

与英语语篇修辞研究相比，汉语语篇修辞方面的研究十分稀少。施玲（2002）认为，英语写作修辞规范正在影响和改变汉语写作，因为留学回国的学者和研究者们用汉语写作时也遵守着英语规范。王朝波（1992）比较研究了英汉学术论文，发现演绎式、归纳式、演归混合式在汉语学术论文中呈均匀分布，而英语论文则倾向于用演绎式。但是，王朝波对于演绎和归纳的分类标准没有采用修辞学中的定义，而是和其他研究一样采用主题句的位置，这不可避免地影响了研究结果的可信度。此外，王朝波（1992）在研究中还发现了"双面段"（double – faced paragraph），即一个句子或者一组句子单独成段，且同时具备两个功能——既是上一段的结论，又为下一段起着其他作用。这个现象值得进一步研究。

科克帕特里克和徐志长（Xu Zhichang）（2012）认为，"中国人一致倾向于用归纳式推理，因为他们趋于连环推理以及类比推理和引用历史先贤"。演绎式和归纳式都是现代英语的推理方式，而演绎式包含类比，喜欢引用先贤也不能成为归纳式推理的原因。此外，连环推理也不是归纳式，因为上一个推理的结论是下一个推理的前提，以此类推。连环推理实际上是由许多个演绎式推理构成。另一个问题是，科克帕特里克用以支持其论点的论据主要是口语语篇，只有一个语篇是鲁迅的文章中的段落。然而，虽然鲁迅是中国的伟大作家，但其文章毕竟写于 20 世纪五四时期，不一定能反映 21 世纪当代汉语写作。所以采用鲁迅的文章做例证并不合适。而且，科克帕特里克仅仅研究分析一个段落，并不能说明汉语写作的一种倾向。由于缺少统计数据，其推测难免具有主观性，也不免产生先入为主的偏见。

三、研究问题

虽然不少研究已经对于中国学生的英语修辞特征进行了探讨，但是由于对演绎和归纳的不同理解（甚至误解）以及采用了不同的鉴别方法，实证研究的结果很矛盾。因此还需要做进一步研究。此外，汉语议论文段落的修辞模式方面还缺乏实证研究，本研究拟在此方面做些探讨。

我们的假设是，如果现代汉语议论文写作模式和英语相似，那么中国学生的英语段落和汉语段落在修辞特征上就没有显著性差异。基于此，我们想对中国学生的英语段落和汉语段落进行比较。由此，提出如下研究问题：

（1）中国学生写汉语和英语议论文段落时倾向于演绎、归纳，还是其他？

（2）汉语和英语议论文段落是否呈现相同的修辞特征？

四、研究方法

（一）语料来源

本研究语料有两种，英语作文和汉语作文，均为议论文体。

由于研究问题涉及英汉比较，而且本研究最终关心的是英语修辞教学与研究是否应该在大学里继续进行，所以中国英语学习者的英语作文是必不可少的语料来源。这属于珂纳（2008）提出的跨文化交际研究的类别之一，即研究交际者偏离其母语文化及语言规范的产出。这些英语作文来自中国一所重点大学英语系一年级学生，共 32 人。收集语料时这些学生处于一年级春季学期，他们自愿把自己的作业作为本研究的语料。为了和汉语语料数目大致对应，同时也为了使参与者整体上保持相同的语言水平，本研究排除了"综合英语 1A"成绩 90 分以上（含 90 分）的学生 2 人，以及 70 分以下的学生 1人。"综合英语"是大学一年级主要课程，能比较全面地反映学生的语言水平。最终收入的作文为 29 篇。参与者来自中国不同省份，均从七年级开始学习英语写作。大学第一学期学习了 5 门课程——综合英语 1A、英语听说 1A、语音、英语阅读技巧 1A、英语国家概况，第二学期学了 6 门课程——综合英语 1B、英语听说 1B、英语语法、英语写作 A、古罗马与希腊神话、英语阅读技巧 1B。除了英语听说、语音、英语语法以外，每门课都要求学生每周阅读许多篇英语文章，并且每学期提交 1 篇以上的作文或学期论文。比如，"综合英语"课要求学生一学期写 3 至 4 篇作文；"英语写作"课要求他们每周写英语日记，且一学期提交 4 篇以上经多次修改的完整作文。参与此研究时，他们已经学习了三个月议论文写作。本研究中的作文是参与者的英语写作课程作业，在课堂上完成，时间为 40 分钟。学生可以自行为作文拟题目，尽可能自由全面地表达思想，因为没有字数限制。写作提示如下：

When a country develops its technology, the traditional skills and ways of life die out. Some people think it is pointless to try and keep them alive. Do you agree or disagree with the statement? Write an essay to develop your position. (without word limit)

然而，考虑到反向迁移的影响，这些英语学习者的汉语作文却不能作为本研究的汉语语料。理由如下：首先，英语专业大学生学了十年以上的英语，而且进入大学后专注于英语写作以及其他英语技能的学习，他们很可能会将英语修辞策略迁移到汉语写作中，从而使得汉语作文成为英汉修辞混合体。

这会降低汉语议论文修辞研究的可信度。其次，即使学生们没有将英语修辞策略迁移到汉语中，但由于进入大学后他们几乎不再用汉语写文章，再加上英语大量输入和产出的语言背景，也可能会造成汉语语言的磨蚀（蔡振光，董燕萍，2007；王东至，2009）。因此其汉语作文不可能反映出真实的汉语修辞模式，这样也会影响研究结果的可信度。鉴于上述理由，干扰因素一定要控制，以便于尽可能降低反向迁移的影响，收集到客观的数据。

为了研究汉语议论文的修辞特征，本研究收集了一组高中生写的汉语满分作文，建立了小型语料库。选取这类汉语作文，还因为基于我们这样的假设：假如高中生的汉语作文受到英语修辞特征的影响，那么作文中很可能出现和大学一年级学生英语作文中一样的修辞特征。由于中国许多省份自行设计高考试卷，只有为数不多的几个省用全国高考试卷，所以每年总共有 16 套高考语文试卷：北京卷、广东卷、山东卷、江苏卷、浙江卷、天津卷、上海卷、福建卷、湖北卷、湖南卷、重庆卷、江西卷、辽宁卷、四川卷、安徽卷、全国卷（其余省份公用）。选取时间为 2016 年 6 月 20 日。所有作文来自"作文网"。包括 2012、2013、2014 三年的满分作文。每套试卷只选取 1 篇作文。排除记叙文和散文以后，议论文总数为 29 篇。

（二）数据收集与分析

段落类型是数据收集中的焦点。每篇文章排除开头和结尾段，只分析文章的主题段落。鉴别和统计 5 种类型的段落：演绎式、归纳式、演归混合式、修辞段、并列式。

演绎式和归纳式段落的鉴别标准基于克劳利和豪希（2004）所给的定义，在本章已经详细讨论过。但是有两种情况比较复杂，即无主题句的段落以及有例子的段落。克劳利和豪希（2004）认为，例子既可以用于演绎又可以用于归纳。因此例子的出现与否不能作为区分演绎和归纳的手段。本研究的处理方式如下：如果段落中出现一个或者两个例子，并详细分析以支持论点，则为演绎；如果出现三个以上一系列的例子，并从中总结出共性，则为归纳。表 2.2 显示了演绎和归纳在本研究中的鉴别标准。

表 2.2 演绎式和归纳式段落的鉴别标准

推理类型	解释	例子
演绎式	a. 段落围绕着主题句展开，展开方式有详述、解释、例证等。 b. 主题句在段落的任何地方。 c. 可以用一个或两个例子来支持主题句，但例子不是必需的。	Whenever we hold on to our anger, we turn "small stuff" into really "big stuff" in our minds. We start to believe that our positions are more important than our happiness. They are not. If you want to be a more peaceful person you must understand that being right is almost never more important than allowing yourself to be happy. The way to be happy is to let go, and reach out（主题句）.
归纳式	a. 段落的发展是从许多例子中得出结论。 b. 主题句在段落的任何地方。 c. 例子是必不可少的，从许多例子中能找到共同点，推导出结论。	天不得时，日月无光；地不得时，草木不生；水不得时，风浪不平；人不得时，利运不通。注福注禄，命里已安排定（主题句）。

　　演归混合式指段落中一半是演绎式，另一半是归纳式（王朝波 1992）。本研究也纳入数据收集中。

　　然而，并不是所有无主题句的段落都能够划归演绎式或归纳式。有些段落既不是演绎也不是归纳，因为段落内部的句间修辞关系并没有因果联系，不能算作演绎式。而且极少用例子，甚至没有例子，也不能从中推导出共同的属性。蔡冠军（1998）也发现了这样的段落，称之为"并列式"（coordination），如例（27）。本研究沿用此术语。

　　例（27）于春风中种一粒种子，灌溉施肥，夏日里支起帐篷架遮住热光，

　　　　　　秋日里采下一把玫瑰，冬日里赠送，冬天还会冷吗？那炽热如

火的红色，如跃动的欢笑，把冬日寒风驱散，留下余味于空中徘徊。（第 22 篇，2012 重庆试卷：《赠人玫瑰，手有余香》）

根据王朝波（1992）对于中国学术期刊中文章段落的研究，汉语段落的类型有归纳式、演绎式、归纳演绎混合式、双面段（具备承上与启下的功能）。虽然根据海兰德（Hyland）（2008）的观点，学术期刊文章本质上属于议论文体，但是不能完全等同于教学中的议论文，所以王朝波（1992）研究中的双面段在本研究中还需进一步界定。本研究我们称为"修辞段"。这样的段落通常只有一两个句子，但并不一定同时具备承上与启下的双面功能，时常只有单面功能。但是还有其他功能。本研究采用"探索性序列混合法"（exploratory sequential mixed method）来研究修辞段的功能。首先采用定性分析来发现修辞段的功能，然后统计其频数。

对于段落类型，主要统计演绎式、归纳式、混合式、修辞段落的数量。数据收集和统计由两个从事修辞学与写作研究方向的研究者进行。两人对于演绎和归纳都理解正确，且在教学和研究中具有充足的经验。步骤如下：

第一步，阅读作文数遍，以熟悉其内容。

第二步，在每篇作文的页边空白处写上关键词。

第三步，标注段落类型，"I"表示归纳式，"D"表示演绎式，"Rhe"表示修辞段，"Co"表示并列式，"DI"表示演归混合式。

第四步，统计各类型段落的数量。

我们用 Cohen's Kappa 系数来测量编码者间的可信度，因为它适用于名目分类的一致性研究。两个编码者在汉语作文段落类别以及修辞段功能的鉴别中，Cohen's Kappa 系数分别为 0.82 和 0.64。在英语作文段落类别以及修辞段功能的鉴别中，Cohen's Kappa 系数分别为 0.84 和 1.00。每个不一致的地方都经过仔细检查并且讨论，直到两人达成一致。最后，数据通过 Friedman 检验来进行组内比较。通过 Mann－Whitney U 检验来进行组间比较。

五、研究结果

(一) 汉英段落类型

各类段落的出现频数与频率见表 2.3，共计 165 个段落。Friedman 检验结果显示出各类型数量具有显著性差异。汉语文章的作者最偏爱演绎式，其次为并列式。归纳式数量远远落后于上述几种类型。但未发现混合式段落。这与王朝波 (1992) 的研究不一致。王朝波研究的是个案现象，与作者的写作习惯有关。本研究结果也与科克帕特里克的研究结果不一致，因为他们认为中国人一致喜欢归纳推理，"因为—所以"序列关系常出现在汉语计划好的语篇中，如书面语篇，而且是重复出现。

表 2.3 还显出英语段落和汉语段落类型在频数上的相似性，呈现如下顺序：演绎 ＞ 并列式 ＞ 修辞段/归纳式。为了客观地对英汉段落类型数量进行比较，我们采用了百分数，这样排除了两组作文长度差距造成的干扰。最明显的差异式修辞段，英语作文远远少于汉语 (3.13% ＜ 23.64%)。其次是归纳式段落，具有相同特征 (3.13% ＜ 12.12%)。然而，英语段落中演绎式和并列式多于汉语 (53.13% ＞ 38.18%；40.63% ＞ 26.06%)。为了比较汉语和英语各类型段落的平均值，相关数据分别经过 Mann – Whitney U 检验，发现两组作文的所有段落类型都有显著性差异。

表 2.3　段落类型总体情况

段落类型		演绎	归纳	非归非演式		合计	X^2
				并列式	修辞段		
汉语	频数	63	20	43	39	165	17.57***
	百分数	38.18%	12.12%	26.06%	23.64%	100%	
	平均值	2.17	0.69	1.48	1.34		
	标准差	1.14	1.00	1.66	1.54		

续表

段落类型		演绎	归纳	非归非演式		合计	X^2
				并列式	修辞段		
英语	频数	34	2	26	2	64	44.36 ***
	百分数	53.13%	3.13%	40.63%	3.13%	100%	
	平均值	1.17	0.07	0.90	0.07		
	标准差	1.10	0.26	0.67	0.37		
	Z	3.24 ***	2.93 **	1.02 *	4.42 ***		

$^{*} p < 0.05, ^{**} p < 0.01, ^{***} p < 0.001$

（二）汉英修辞段与并列式段落的特征

1. 修辞段

表 2.4　汉英修辞段的功能

修辞功能	承上启下	概括	强调	提问	引发	评论	过渡	总数
汉语	10	18	6	2	1	1	1	39
英语	0	0	2	0	0	0	0	2

汉语作文中的修辞段并不能完全明示主张或中心思想，其主要功能是修辞凸显，主要凸显上文或下文内容等，见表 2.4。具体修辞功能有承上启下（双面段），如例（28）；概括上文，如例（29）；概括下文，如例（30）。修辞性提问，如例（31）；引出下文或反方观点，如例（32）；以及强调上文、评论上文、过渡等。本研究发现汉语修辞段最常见的功能是承上启下、概括、强调。

例（28）这种回味在如今数码照片泛滥的时代已是非常稀罕了。人们用镜头代替眼睛，用照片代替记忆，以为自己这样便抓住了时光。（第3篇，2014广东试卷：《用心观察与记录》）（承上启下）

例（29）由此，我们得出一个结论：一个人害怕与否，其能力的高低是
　　　　关键因素。（第23篇，2013江西试卷：《难易相生，怕与不怕
　　　　相生》）（概括上文）

例（30）立心，立的是一颗饱受苦难却坚强的心。（概括下文）
　　　　摩西与他的子民受尽苦难坚定站起来走出埃及时，耶和华白天
　　　　以云柱夜晚以火柱指引他们抵达乐土时……（第26篇，2014年
　　　　四川试卷：《世界为立心者鼓掌》）

例（31）小鱼为什么不知道"水到底是什么东西"呢？（修辞性提问）
　　　　主要是因为小鱼还太小……（第13篇，2012天津试卷：《小鱼
　　　　不知"水到底是什么东西"是问题吗》）

例（32）然而，我们也不能完全说是如此，大多数的中学生智力相当，
　　　　却还会出现害怕与不怕的区别。（第23篇，2013江西试卷：
　　　　《难易相生，怕与不怕相生》）（反方观点）

　　然而，英语学习者在英语作文中几乎放弃写修辞段，仅一位同学（6号）
写了两个修辞段，见例（33）和（34）。前者强调文章的论点，后者强调下
文即将出现的内容，以提请读者注意。这两例均有同样的修辞功能，即强调
信息。

例（33）In my eyes, it's not a good phenomenon for our traditional culture.
　　　　（EFL 6）

例（34）I think there are two important reasons to support my idea. (EFL 6)

2. 并列式段落

汉语并列式段落没有主题句来概括全段内容。重要的是，本研究发现，
句子间的修辞关系是"相邻"（Contiguity）和"相似"（Resemblance）关系。
然而平克（2014）提到的三种修辞关系之一"因果"（cause or effect）关系却

非常稀少。其他两大类修辞关系是"相邻"（Contiguity）关系和"相似"（Resemblance）关系。相邻关系指时空顺序关系，相似则包括重复、对照、例证等。如例（35），①和②是相邻关系，②和③也是相邻关系。段落中无主题句，整个段落既不是演绎也不是归纳，只是对事件的叙述。

例（35）①还有那位被唐宪宗当作一块破砖随意地扔往柳州、邵州的柳宗元。②面对僻远、冷落、荒凉的边境，回望那浮云遮望眼的长安，③自己满腔尚未实现的抱负在忧患之中渐渐沉淀成对当地百姓浓烈的爱。（第9篇，2012 江苏试卷：《忧与爱》）

汉语并列式段落除了叙述事件以外，还表现在用诗化的语言进行描写、评论和概括。段落中充满了情感，演绎或归纳都与此段无关。如例（36），作者对雷锋的影响进行了评论，采用的修辞手法如拟人（乘着春风到来）、隐喻（玫瑰留下的余香）、移就格（把玫瑰的余香灌入墨里）。

例（36）当第五十个雷锋学习月乘着春风到来的时候，你可感受到玫瑰留下的余香？或微不足道之事，或动人的行为。雷锋叔叔用双手将玫瑰送向四方，他把玫瑰的余香灌入墨里，一笔一笔记载，欢乐无处不在。（第22篇，2012 重庆试卷：《赠人玫瑰，手有余香》）

然而，英语学习者写的英语并列式段落却很少用诗化的语言描写或者叙述事件。这样的段落既不是典型的英语议论文段落，也不是典型的汉语并列式段落。后者语义清晰，而结构上简单，是平行结构，而非层级结构。英语学习者的并列式段落结构则较为复杂，意义上缺少连贯和一致性。段落没有充分展开，且话题不止一个——不符合英语段落要求。确切说，这样的段落是"半并列式"。如例（38），第一句关于科学技术使得人们远离原来的生活，第二句和第三句以智能电话为例对第一句进行支持。这三句联系较紧密。如果这三句构成一段，那么第一句可以作为主题句。然而第四句则关于青少年沉溺于电子游戏，第五句语义突然跳跃到传统生活的重要性，第六句提出建议。这个段落不是演绎和归纳的混合，因为没有归纳，只能称为"半并列式"。为了更加清楚地说明此类段落，我们把例（38）和上文例（35）的汉语段落进行比较，见图2.7。例（35）的汉语段落由三个句子构成，处于同一层次。而例（38）则有两个层次，①、④、⑤、⑥ 处于上面的层次，②和③处于下面的层次。

例（38） ① Due to the new technology we become less familiar with our original and the right way of life. ② For instance，almost everyone has smart phones and use it to text，chat，and surf online all the time. ③ We no longer write letter these days and even lack of face to face communication which resulting in lacking the interpersonal skills and a big gap between people around us. ④ More and more teenagers addicted to computer games and almost "live" in the virtual world. ⑤ Thus the traditional ways of life are important to us. ⑥ We have to go out to enjoy the outside world，make real friends and experience all kinds of things by ourselves not technology. （EFL 10）

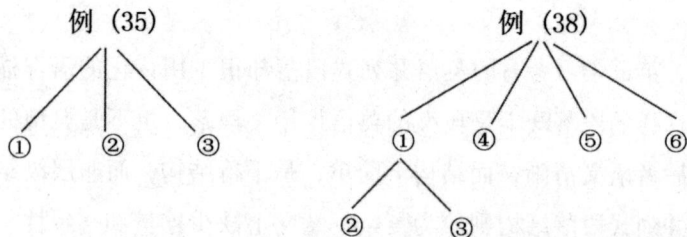

图2.7 汉语和英语并列式段落比较

还有一种半并列式段落，段首句只有话题而无题旨。段落中其他句子的话题各不相同，相互联系松散。如例（39），第一句起语篇引导作用，告诉读者该段落话题是"China"。由于缺少题旨，此句不能作为主题句，和其他句子是并列关系。其他两句关于什么应该丢弃，什么应该保留。两句之间的修辞关系是"对照"，属于"相似"类。

例（39）Just take China for example. Facing the old manners, we should firstly abandon the kotow, discrimination against female and the absolute king power. In the meanwhile, we should carry forward the politeness and respect to old people. （EFL 8）

六、讨论

我们将着重讨论两个主要研究结果：英汉作文中最少使用的归纳式，以及汉语写作独有的修辞特征。

在本研究的汉语和英语段落中，归纳式用得最少，而演绎式最多。可以说，汉语写作者并不是一致偏爱归纳式；相反，演绎式更受汉语写作者的欢迎。演绎并不是英语本族语者独有的语篇修辞特征。此外，我们推测归纳法可能比演绎法更难以学习掌握，只有写作修辞大家才会运用自如。比如，中国古代伟大的修辞家、哲学家孟子，以及许多名士都擅长用归纳法进行劝说、劝谏。作者一定得有渊博的知识、丰富的经验，以及抽象概括能力。然而，现在对于准备作文考试的非专家级写作者——中学生，也有捷径。中学老师往往要求学生收集、积累、记忆充足的例子，用于议论文写作。甚至在图书市场上可以看到许多写作方面的辅导书，主要是收集各种例子的作文素材。但是，即使在中学阶段强记了大量的例子，大学生在英语写作中却很少采用归纳法。这种英汉议论文写作的差异说明，由于逻辑推理占用较多的认知资源，而语言水平有限，英语学习者在写作中有很重的认知负担，所以不得不放弃难度较大的推理形式——归纳式。

　　本研究发现并列式段落和修辞段构成汉语语篇独有的修辞特征。我们推测并列式段落可能受到汉语并列式语言类型（paratactic language）和关联性思维的影响。并列式语言在组句成篇时不需要连接词，因为语篇中的小句和句子从语义上可以暗示相互之间的关系。然而，科克帕特里克（1997）认为，虽然汉语是并列式语言，但教材中竟要求划分层次，区分并列关系和从属关系，这说明受西方修辞模式的影响，而不受并列式语言类型的影响。我们不赞同科克帕特里克的观点。我们认为，并列式语言是就句子层面而言，汉语文章中的层次是就语篇层面而言。也就是说，在语篇层面汉语文章讲究段落之间的并列与从属关系，以便划分层次（意义段）。在这个意义上，自然段便是划分级别的最小单位。而句子层面的并列式语言体现在句与句之间的修辞关系上，一般为"相邻"和"相似"关系。正因为自然段内部的"相邻"和"相似"关系是并列式语言的常态，自然段通常只有一个层次。

　　根据"萨丕尔—沃尔夫假说"，语言影响思维，继而影响语篇构建方式。本研究中表现为并列式语言通过影响句子间的修辞关系来影响语篇构建。深层原因在语言层次之上——汉语关联性思维，或称为"总体辩证观"（施旭，2018）。关联性思维是把一些有（松散）联系的项目或事件放在同一个用类比关系可以解释的框架中（毛履明，2006）。关联性思维把一切都放在同一个平面来看待，而不是置于层级中。例如，"阴"是"阳"的另一面，且和"阳"处于同一层面，有平等地位。汉语中有许多反映此种思维的习语、谚语、成语，如"否极泰来""塞翁失马，焉知非福"。关联性思维在写作中影响着语篇的产出与组织。确切地说，汉语语篇中句子间的修辞关系会表现为"相邻"和"相似"两类。

　　修辞段是汉语语篇的另一个特征。本来可以被纳入上段或下段，构成思想完整的归纳式或演绎式段落，但为了强调思想主张而另起一段。但由此也可看出汉语写作非常注重修辞效果，修辞段同时也是诉诸情感的反映，作者通过强调来使读者注意自己的观点。这种情感诉诸在并列式段落中表现为用诗化的语言描写、叙述。在汉文化中，读者对议论性文体产生情感需求，作者的情感诉诸才会起作用，其文章才会被认同，被推崇，被认为有说服力。学生学习写作时要求"描写生动，表情达意准确……这种修辞策略在古汉语文学中极力推崇，现代仍然提倡"（苏利文等，2012）。本研究中的这些充满情感的议论文被选为满分作文，可以证明此问题。

和汉语作文不同，学习者的英语作文中并列式段落极少叙事或用诗化语言来描写，语言极少抒情。这在某种程度上说与强调理性和逻辑的英语写作规范一致。段落结构也比汉语复杂，但缺少连贯性和语义的一致性。所以学习者的段落既不是典型英语段落，也不是典型的汉语段落。此外，学习者几乎不用修辞段，也许因为受到英语写作规范的影响。克尔伯特（Corbett）（1990）认为，成熟的作者倾向于写较长的段落，如果段落只有一两个句子，虽然能起过渡作用，但是会给人留下琐碎、马虎的印象。迪奇（Dietsch）（2000）发现，英语写作教材总是要求学生避免写只有一两个句子的短段落。本研究中英语学习者学会了英语段落写作规范，所以放弃了具有典型汉语特征的修辞段的写作。这些研究结果可以归因于英语写作教学。如果把这些现象看成语篇层面的中介语现象，即学习者由于语言水平限制而产出不成熟的英语语篇，那么就承认了第一语言的迁移现象，因为这些语篇具有一定程度的汉语修辞特征。"中介语"这个说法有歧视学习者之嫌，因此目前有学者提出了"超语言"（translingualism）、"语码混合"（code-meshing）这样的术语。但这些术语只能描述词语和句子层面的现象。我们更愿意采用毛履明（2006）提出的"混合修辞"（hybrid rhetoric）来描述语篇层面的现象。该术语从比较修辞学视角来概括跨语言和跨文化影响。本研究中的英语学习者的段落混合汉语和英语修辞特征，所以很难鉴别哪些是典型的汉语修辞，哪些是典型的英语修辞。

七、结论

本研究对中国学生的汉语和英语议论文进行了段落修辞特征调查。研究结果发现，演绎式的数量在汉语和英语段落中都居首，而归纳式在英语段落中十分稀少。也许因为归纳式的写作对专业知识、语言和推理能力要求较高，所以较难运用于英语写作中。此外，还发现了两个汉语段落独有的特征——修辞段和并列式段落。前者在学习者的英语语篇中极少，后者却很多。英语语篇中的并列式段落不同于汉语语篇，其结构和语义较为复杂。确切说，是半并列式。我们采用积极意义，称为"混合式修辞"。

可以看出，无论中国学生的汉语语篇还是学习者的英语语篇，都没有接近现代英语修辞范式。根深蒂固的文化影响在起作用，全球化只是在表层促进文化间的同化。中国的大学生高中毕业后很少再用汉语写文章，他们很可能在语篇修辞层面停滞不前，一直采用混合式修辞。英语修辞教学不会损害混合式修辞，反而会促使他们对英汉两种修辞进行思考比较，从而在写作中做出选择，走出混合式修辞。

本研究的局限性在于英汉语作文题目不一致。虽然参与者们有充分的自由来自拟题目，自己决定文章长度，但仍有可能影响修辞段的产出。这种局限在今后的研究中要想办法避免。

第七节　小结

几十年来对于演绎和归纳的认识错误导致了研究结果的不同。有些学者认为汉语和英语修辞无甚差别，还有些认为英语修辞教学无意义。本章围绕逻辑推理，首先介绍了亚里士多德的四种推理方式——科学证明、辩证推理、修辞推理、异议和错误推理，详细区分了演绎和归纳两种推理方法。然后实施了小型调查，分析讨论了演绎和归纳两种方法在议论文写作教学和研究中的应用以及种种误解，并对误解进行澄清。介绍了议论文写作中常见的逻辑谬误，以期提高老师和同学们的修辞逻辑意识。实证研究除了考察汉语议论文段落中演绎和归纳以外，还调查其他区别性修辞特征，讨论中国英语学习者的英语段落是否具有相似的特征。语料包括两种：高考语文满分作文和中国英语学习者的英语作文各 29 篇。结果显示，虽然汉语和英语作文都使用了演绎，但汉语作文更多地出现"修辞段"和"并列段"；而英语作文则呈现出"混合修辞"。由此得出结论，中国写作者的汉语段落和英语段落，在修辞特征上都没有接近现代英语规范；英语修辞教学可以促使学习者反思两种修辞现象。

第三章

汉语议论文修辞模式与英语写作——比较修辞学视角

第一节　前言

　　"对比修辞学"研究把英语修辞作为与非英语修辞对比的典范，强调英语修辞地位高于非英语修辞，因而遭到学者们的反对。有些西方学者试图为汉语语篇修辞地位辩护，认为汉英修辞模式趋同，却掩盖了汉语特有的修辞特征。鉴于现代英汉语篇是否还存在修辞差异，是否还有必要进行英语修辞教学等问题存在的争议，对汉语语篇修辞模式做更多研究是十分必要的。重要的是，对于英汉修辞趋同或趋异的看法会直接影响到英语写作教学的理念、指导思想和教学策略。因此，研究现代汉语语篇修辞模式，最终目的是确定英语写作教学的方向与方法。

　　本章对科克帕特里克等学者认为汉语写作接近英语范式的观点提出质疑，并采用比较修辞学视角对汉语段落修辞模式进行分析研究。我们的研究聚焦于段落，是因为段落写作是英语写作的核心，段落写作方法是文章写作的缩影。因此，聚焦于段落有利于说明现代汉语写作是否接近于英语。

第二节　对比修辞学与比较修辞学

　　"对比修辞学"（Contrastive Rhetoric）是由美国应用语言学家开普兰提出

的，其发表于 1966 年的论文《国际教育中的文化思维模式》（Cultural Thought Pattern in Intercultural Education）是"对比修辞学"研究的奠基石。开普兰的研究对象是二语学习者的议论文，他的追随者们后来扩大到其他文体。珂纳（2001）认为，"对比修辞学"属于第二语言习得的一个研究领域，研究者通过对比英语和非英语语篇模式，发掘二语写作中的问题，用第一语言修辞策略来解释问题。"对比修辞学"以萨丕尔—沃尔夫（Sapir - Whorf）假说为理论基础，并进行了发展，汇聚了对比分析、修辞学和教学法方面的研究。开普兰认为，不仅仅是概念、范畴等在各个语言中有独特性，而且逻辑、修辞、思维模式等也是如此，第一语言文化必然会影响到第二语言写作。他非常强调文化对修辞和逻辑的影响，被称为"新沃尔夫派"（new - Whorfian）。

开普兰的研究几十年来获得了研究者和英语教师的支持，同时也遭到许多学者的反对，认为他把英语修辞作为与非英语修辞对比的典范，强调英语修辞地位高于非英语修辞。久保田（Kubota）和莱拉（Lehner）（2004）称对比修辞学思想具有"极简主义、决定论、本质主义导向"。于是一些学者如科克帕特里克（1997）、朗·司考伦和苏珊·司考伦（2000）、游晓晔（2014）和施玲（2002）等极力淡化英语和汉语语篇的差异，认为当前没有必要再进行英语修辞教学和研究。他们把这一切归因于现代中国经济与文化的发展对思维和写作的影响。然而，也有学者认为，虽然中国文化正经历着一系列变化，但变化是相对于稳定而言的，不能因此否定其稳定的一面对写作的影响（李晓明，2005）。而且如盖瑞特（Garrett）（2000）所言，国外许多学者对汉语语篇修辞模式的认识极其有限，甚至是错误的。

近年来北美学者们为了弥补"对比修辞学"的不足，提出了"比较修辞学"（Comparative Rhetoric），是一种专门研究非西方文化修辞学的方法，起源于奥利韦尔（Oliver）（1961）对中国古典修辞学的研究。"对比修辞学"代表人物为毛履明（2006）、卢敏沺（1994）、胡姆（Hum）和里昂（Lyon）（2009）等。比较修辞学要求以非英语语篇为主要研究对象，采取平等态度探索语篇背后的文化与知识背景，而不仅仅是以发现与西方文化的相同点为目的。因此，采用比较修辞学视角首先意味着承认差异性，而不是忽略差异，简单地趋同。

比较修辞学的研究方法有多种。第一种方法是以雅典或伯克修辞理论为视角来看待修辞世界。如，布林（Blinn）和盖瑞特（1993）以西方修辞学理论为立足点，分析古汉语语篇，发掘汉语语篇的理性因素。第二种方法是借用西方或其他学科简单、易懂的方法。如，王渤（Wang Bo）（2013）从地理和政治因素方面探索中国女性语篇的发展变化。第三种方法是用非西方工具来分析西方语篇。如，吴辉（Wu Hui）（2005）用非西方的评价工具来解读和评价西方语篇。第四种是最常用、最有影响的方法，即吕行（Lu Xing）（2004）和毛履明（2006）的方法——借助于西方理论，深入非西方文化语境中研究其语篇，进行合理地解读。如，毛履明（2006）采用西方语用学和修辞学理论分析汉语语篇，发掘出汉语文化背景下特有的修辞方式，如中国人对"脸"和"面子"的理解。

第三节　相关研究

一、汉语语篇修辞相关研究

对汉语语篇结构的研究，国内很少触及。国外的华人学者如游晓晔（2014）、毛履明（2006）、卢敏沽（1994）、王渤（2013）等主要涉及宏观层面，如儒家文化、阴阳关系、面子观对语篇和话语的影响。西裔学者如科克帕特里克（1997）、苏利文等人（2012）的研究涉及较具体的层面。其中科克帕特里克对汉语研究较多，他提出现代汉语写作接近英语范式，其观点的依据之一是汉语写作教材。

科克帕特里克（1997）认为，现代汉语写作教材中对写作的明确建议和要求更多地反映了当代的英美修辞范式，而不是传统的汉语修辞风格。如，教材中要求文章开门见山，或点明主题，并在文章开头和结尾都出现论点，这种写法类似于北美的演绎式写作风格；汉语写作教材还指出议论文总体包括论点、论据、论证三个部分，推理方法有归纳和演绎两种，这都和西方语篇修辞方法一致（科克帕特里克，Xu，2012）。研究汉语写作的中国学者持相同观点，如何坦野（2014）认为，现代汉语写作被置于西方思想框架中。廖明珠（Liao Mingzhu）和陈青黄（Chen Qinghuang）（2009）分析了台湾汉语教材，认为英汉议论文写作要求相似，因为汉语教材也鼓励学生采用演绎法和归纳法。久保田和施玲（2005）分析了日本和中国初中生的语文教材，未发现"起承转合"式的间接风格，从而得出结论——这些教材教学生阐述观点时采用直线性模式，与英语写作要求一致。然而，台湾教材毕竟不能反映中国语文教材的情况；而且议论文不是初中阶段主要文体，教材中不一定有足够的知识点，初中语文教材也不能概括高中的情况。况且，以上研究结果仅仅来自教材分析，而学生在汉语习作中是否反映了英语修辞范式却鲜有研究。因此，得出汉英语篇修辞趋同的结论未免太仓促。

二、英语议论文相关研究

英语作为第二语言的研究结果不同于科克帕特里克等人的研究结果。如陈伟杰（2011）、陈建生和赵佳美（2019）、李梦骁和刘永兵（2017）、刘东虹（2015）认为，中国的英语学习者由于汉语写作修辞模式的迁移或依赖汉语写作策略，其作文与英语修辞模式差距较大。

陈伟杰（2011）的研究发现，虽然中国学习者有主题句写作的意识，但是英语受到汉语写作范式的影响，主题句和支撑句之间的连贯性较差。陈建生和赵佳美（2019）对英语专业学习者议论文中非毗邻式词块的使用特点做了研究。结果表明，英语学习者与英语本族语者相比，使用词块的准确度不高，存在少用、超用、误用某些词块的现象；重要的是，学习者文体意识模糊，在写作时具有口语化倾向，这与母语的负迁移和二语学习策略有密切的关系。刘东虹和陈燕（2015）对于学习者英语段落的承题方式以及主题句与第一承题句之间的修辞关系进行了分析。研究结果发现直接承题的段落多于间接承题，说明学习者对于英语修辞模式掌握较好，但汉语的"开门见山"模式的影响仍然较大。刘东虹（2015）对于议论文论点句、主题句、结题句等的系列研究发现，对于"限制型话题"作文，英语学习者更倾向于采用汉语写作方法和模式。刘兵和王奕凯（2015）比较了中国学习者和英语母语者形容词使用情况，发现中国学习者倾向于使用有汉语对应词的英语形容词，词汇使用上也受到汉语的影响。

无论是迁移还是策略使用，都与汉语写作传统有关。这说明学生所习得的汉语修辞模式与英语有很大差异，这就与科克帕特里克的观点——汉语写作教材更多地反映了当代的英美修辞范式相矛盾。

三、评论

科克帕特里克并没有进行实证调查和研究，汉语教材对中国学生写作的实际影响到底如何，仍不得而知。此外，科克帕特里克（1997）仅讨论教材对文章总体的要求，而段落写作却并未做详细分析。虽然科克帕特里克和 Xu（2012）的研究涉及段落，并指出汉语写作教材强调段落中的句子都应该和主题句密切相关，但是汉语教材是否有段落主题句的概念还有待调查。

科克帕特里克 1997 年和 2012 年的研究主要针对口语语篇，书面语篇仅引用了吴应天（1989）对鲁迅杂文中的一个段落进行分析，便匆忙下结论。仅一位作者的一个段落，显然不具代表性。他们的观点缺少实证数据支持，因此汉语段落仍然有待研究。

廖明珠和陈青黄（2009）以及久保田和施玲（2005）对中国台湾和日本教材的分析不能用以概括说明中国大陆的语文教材情况，而且久保田和施玲（2005）虽然涉及中国大陆初中语文教材，但是议论文写作主要在高中阶段，所以仅靠研究初中语文教材不能反映大陆教材情况。还需要对中国大陆语文教材进行更加全面的调查研究。

第四节　研究方法

一、研究问题

迄今为止，有关汉语语篇修辞模式的研究及争议都是基于教材中的只言片语，或者对个别语篇进行分析而得出"英汉修辞模式趋同"的结论。中国大陆汉语教材对段落写作有何要求，以及中国学生实际写作中的修辞模式是否受到汉语写作教材的影响而接近英语写作范式，还有待研究。我们对科克帕特里克等学者的结论提出疑问，因而采用其做法——从教材中研究汉语修辞模式，但采用实证研究方法做深入调查。此外，久保田和施玲（2005）指出其研究的不足之处是没有对学生的作文做实证研究，即没有研究教材指导的结果。

我们的假设如下：既然汉语教材中的写作指南与英语教材相似（科克帕特里克，1997；廖明珠，陈青黄，2009；久保田，施玲，2005），那么理论上讲，中国学生的汉语议论文写作知识应该与其英语议论文写作知识一致，基于这种汉语写作知识所产出的汉语议论文也应该体现出英语修辞特征。因此，本研究提出如下研究问题：

（1）汉语写作教材对段落的要求是否和现代英语写作范式一致？

（2）中国学生汉语议论文段落是否接近现代英语写作范式？

（3）英语学习者的英汉议论文知识是否相似？

如果汉语修辞模式和英语趋同，那么反映在汉语教材中，就是其写作指南和英语教材趋同；在教材指导下的学生汉语作文也会和英语修辞模式趋同。这种情况下，主张废弃英语修辞模式的教学和研究，无疑是明智之举。反之，如果汉语教材和学生作文都和英语修辞模式不同，那么在英语教学中摒弃英语修辞教学和研究，对于学生的英语写作则有害无益。本研究从教材入手，进行反向推理，进而决定在英语写作教学中是否应该摒弃英语修辞教学。思路图解见图 3.1。

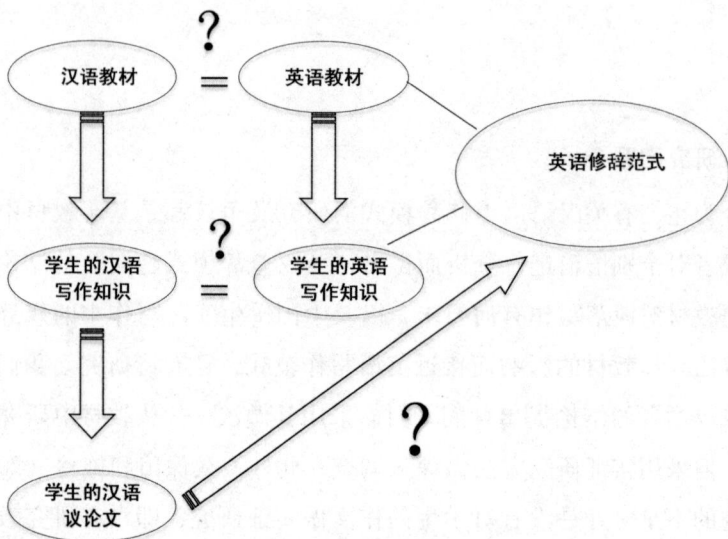

图 3.1 研究思路图解

二、研究语料

小学语文教材中有关写作的内容是以写作任务的形式出现，因此本研究排除了小学教材，而选用初中和高中语文教材。鉴于国内 9 套教材中影响最大的是人教版和苏教版（刘千秋，2014），本研究选择了这两个版本的教材共 23 本，每套 11 本必修课教材。高中人教版还有一本写作选修课教材《文章写作与修改》也纳入了研究范围。

然而，大学阶段"大学语文"不是必修课，教材种类繁多，并不统一。因此笔者以武汉市最大的图书城为基地，找到有关汉语写作或大学语文方面的教材 23 本，逐本搜寻，发现绝大部分注重文学名著赏析，仅三本涉及段落写作：吴俊（2010）主编的《大学写作》（第 2 版），杨萌和胡蔚涛（2014）主编的《大学语文》，何重先（2014）主编的《新汉语写作教程》。

　　汉语段落语料采用 2012—2014 年各地高考满分作文。由于语料收集时 2015 年的作文还没上网，所以只选取了 2012、2013、2014 年三年的满分作文。作文选自"作文网"，网址为 http：//www. zuowen. com/gaokaozw/lngkmf/2015 - 06 - 20 。每年只选 1 篇，排除记叙文和散文。最后共选 29 篇，见表 3.1。

表 3.1　语料来源

作文	2012	2013	2014	作文	2012	2013	2014
全国	1			福建	1		
北京	1			湖北		1	1
广东	1	1	1	湖南	1	1	
山东	1			重庆	1		1
江苏	1	1	1	江西		1	
浙江	1	1		辽宁	1		
天津	1			四川	1		1
上海		1	1	安徽	1	1	
合计	7	4	4	合计	6	4	4

三、数据收集

（一）汉语教材

　　教材研究仅聚焦于段落写作，采用定性研究。以兰根（Langan）（2011）和卡纳尔（Kanar）（2011）为代表的英语写作教材，要求段落应该有主题句，并且规定主题句的位置应该在段首。关于段落的承题方式，教材中都强调要用事实、细节、理由等来承题，即支持主题句。英文教材还提出了段落的修辞要求，完全展开、组织良好的段落应具备三个条件：一致性、连贯性、凝聚力。卡纳尔（2011）还提出了层次要求，认为段落内部要有"三个层次"，即主题句、主要细节、次要细节。

层次 1 主题句 My health club has become more of a social gathering place than a fitness center.

层次 2 主要细节 For one thing, people come here to see and be seen.

层次 3 次要细节 The men and women wear skimpy outfits that show off their bodies. . .

层次 2 主要细节 Also, some people use the health club as a meeting place.

层次 3 次要细节 Men and women join because they have heard it is a safe place to meet people. . . （Kanar，2011）

汉语教材的分析框架采用英语语篇修辞模式，该模式来自著名修辞学家兰根（Langan）（2011）和卡纳尔（Kannar）（2011）所著的英语写作教材。哈金（Hacking）（2013）认为，选择什么材料，呈现什么事实，其本身就表明了作者的观点，因此两位作者的教材中呈现这些内容，表明他们主张这样的修辞范式。本研究主要调查汉语教材的三个方面：

第一，主题句写作——汉语教材中是否有关于如何写段落主题句的指导。

第二，段落的承题方式——汉语教材中是否介绍了段落如何承题，即是否要求采用演绎或归纳的方式展开段落，支持主题句。

第三，段落的修辞要求——汉语教材是否规定了段落内部的层次性和修辞特征（一致性、连贯性和凝聚力）。

（二）汉语作文

汉语作文分析用于回答第二个研究问题。作文分析包括段落主题句的位置和概括性，主题句中的修辞手法，段落中的例证类别，具体如下。

由于教材是对写作的指导，作文则是成品，因此汉语议论文作文的分析框架不同于教材，却与之相关。主题句的位置及概括性体现了兰根（2011）和卡纳尔（2011）对于段落的修辞要求。概括性指主题句对于全段内容的概括提炼程度，以主题句为视角反映了段落内部的修辞模式。评价标准参考刘东虹（2015）。本研究仅区分"概括全段"与"不能概括全段"。对于后者再进一步调查分析，归纳出有代表性的类别，最后进行频数统计。

之所以调查主题句中的修辞手法，一个原因是汉语写作强调修辞和美学效果（吴俊，2010；杨萌，胡蔚涛，2014；何重先，2014），而这些都涉及修辞手法。修辞在汉语中是狭义概念，主要指各种修辞格（figures of speech）。另一原因是基于写作教学经验，在作文批改中发现学生常在主题句中用修辞手法。在本研究数据统计中，我们主要统计汉语和英语均常用的修辞手法：隐喻、明喻、拟人、夸张、修辞问句、平行。操作性定义采用克尔伯特（Corbett）和珂纳斯（Connors）（1999）的定义。除此以外，主题句中还会出现没有任何修辞格的"预言性语言"（predictive language）（刘东虹，2015），以及符合英语主题句要求的直白语言，这两类主题句我们都进行了统计，以便于和带有修辞格的主题句进行比较。

最后一个方面是段落中的例证类别。英语段落写作中鼓励学生采用个人经历作为例证（兰根，2011；卡纳尔，2011），而汉语写作则并非如此，如人教版《语文》要求学生用名人名言、名人事例作为例证。本研究调查汉语议论文段落所反映出的英语修辞特征是否多于汉语修辞特征。鉴于此研究目的，我们把英语和汉语的要求均纳入统计范围，因此例证类别包括：名人逸事、名人名言、典故/谚语/诗句、个人经历、普通人经历、网红事例、社会事件。

（三）问卷调查

还有一个数据来源是问卷，用于回答第三个研究问题，同时和满分作文形成三角互证。国内一所重点大学英语系的 31 位同学参加了本研究。他们来自中国不同省份，平均年龄为 19.8 岁，在六年级和七年级时开始学英语。通过问卷想了解如下几个方面：

①英语议论文写作知识

②汉语议论文写作知识

③汉语议论文写作知识和策略是否可以应用于英语议论文写作

问卷中的具体问题如下：

①你从什么时候开始写英语作文？

②你写过哪些文体的英语作文

③你知道哪些关于英语议论文写作的知识？是中学老师教的还是自学的？

④请陈述汉语议论文写作知识。

⑤你认为在英语写作中可以借鉴汉语议论文写作知识吗？

四、数据统计与分析

所有数据收集都进行了两次，中间间隔两个月。情况如下：

（1）语文教材调查。两次教材调查的结果完全一致。

（2）满分作文。因其数据统计较复杂，笔者借鉴了程安（Cheng An）（2011）的"恒定比较法"。首先，通读作文数次，熟悉每篇作文内容，以便于把握总体信息。然后在每篇作文页边空白处写下关键词语。最后统计频数。两次统计的结果并不完全相同，但一致性较高：主题句位置为99%，主题句概括力为88%，主题句中的修辞手法为90%，段落中的例证类别为92%。之后，检查每个数据不同的地方，确定最后的数据。

（3）问卷调查。和作文分析一样，也采用了程安（2011）的研究方法。首先，通读答卷数次，熟悉内容，掌握总体信息。其次，在答卷页边上标注，写下关键词语，如"基本成分""部分相同"等。再次，根据标注，反复比较学生的答卷，找出相似的地方，并归类。最后，统计各类别的频数。学生写作知识问卷调查的两次统计结果完全一致。

第五节　研究结果

一、教材研究结果

表3.2显示，人教版初中教材有 36 个"写作"训练，高中教材有 20 个"交流表达"。苏教版初中教材有 22 个"写作"训练，高中教材有 19 个"写作指导"。然而除了人教版选修课教材《文章写作与修改》，均未提及如何写

段落，更无段落主题句写作指导。虽然《文章写作与修改》和大学阶段的 3 本写作教材包含了段落写作，提到段落中心，但"中心"相当于英语段落主题句中的思想，即题旨部分，并没有明确指出主题句的写法。因此本研究未发现汉语段落写作中有主题句的概念。

表 3.2　中学语文及写作教材中的段落写作指导

	人教版初中	人教版高中	人教版写作	苏教版初中	苏教版高中	大学教材
写作指导	36	20	全书	22	19	全书
段落写作	0	0	1	0	0	3

从篇幅和布局上看，4 本教材对于段落的写作笔墨甚少。《文章写作与修改》中"局部完整"一节仅用了 76 个字说明段落中心的重要性。吴俊（2010）的教材把段落和层次放在同一个小标题下，关于段落的写作仅包含段落的定义和三条简短的写作建议。杨萌、胡蔚涛（2014）的教材虽然把段落和层次放在不同的小标题下，但同样只对段落下定义，并提出三条写作建议，而这些建议主要针对段落之间的问题，而不是段落内部的修辞模式。何重先（2014）的教材对于段落写作仅用了 63 个字。这几本教材中对于段落如何展开、如何承题并未提及。

对于段落的修辞要求，写作教材均提到单一性和完整性。如，

一个段落以至一个自然段也要有明确的中心，中心对我们的构思和表达起着导航作用。这中心可以写出来，也可以藏在自己心里，但不管怎样，中心必须明确。如果中心模糊，思路就会混乱。（《文章写作与修改》）

一是段意要单一，一般是一个段落表达一个意思；二是内容要完整，要把一段的中心意思说完说透。（吴俊，2010）

要注意段落的单一性和完整性。一个自然段里只说一个中心意思，不要把几个中心意思放在一个自然段里。同样，也不要把一个中心意思

57

分割为几个自然段。（杨萌，胡蔚涛，2014）

当一个话题结束，要开始下一个话题时，一般就要另外开始一个段落。（何重先，2014）

这些要求和英语教材中的"一致性"有相似之处，但内涵有所不同：英语教材提出了句子层面的要求，即要求每个句子都支持主题句；而汉语教材则很笼统，不涉及句子，意味着段落内部的修辞关系比较随意，句间关系比较松散。

对于段落内部的"连贯性"，四本教材却没有写作指南或建议。本研究结果不能支持科克帕特里克（1997）对汉语教材的分析结果。此外，大学教材还提到段落之间的要求，即对文章整体的要求。如，杨萌、胡蔚涛（2014）提到，"段落之间要注意整体匀称""要注意长、短节奏，要掌握好分寸，要与层次协调，使全篇文章成为一个完整严密的有机体"。吴俊（2010）提到，段落的"长短要适当，根据写作的内容，各个段落可长可短，但一定要适当、得体"。何先重（2014）提到，"主干部分段落的分量应大致相当，避免有的段落过短，有的段落过长"。从这些要求可以看出，汉语段落注重外在美、视觉美，从而构成文章的整体美。

至于"层次性"，两本汉语教材（吴俊，2010；杨萌，胡蔚涛，2014）中提到层次和顺序，但是概念与英语教材完全不同。汉语教材中的"层次"指"意义段"，不同于"自然段"即段落。层次在段落之上，包括一个以上的段落。"段落是层次的基础，不能将段落游离于层次之外。"（杨萌，胡蔚涛，2014）汉语教材中"层次"的概念与卡纳尔（2012）的段落内部层次完全相反，见图 3.2 和图 3.3。

段落
层次1
层次 2　　　层次2
层次3　层次 3　层次3　层次 3

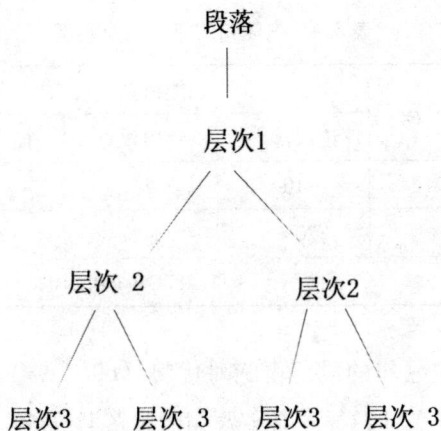

图 3.2　英语教材中段落和层次的关系

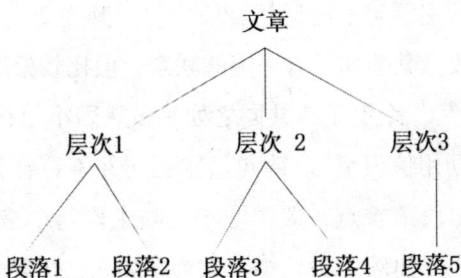

文章
层次1　层次 2　层次3
段落1　段落2　段落3　段落4　段落5

图 3.3　汉语教材中段落和层次的关系

二、作文研究结果

（一）主题句位置和概括力

表 3.3　主题句位置

	段首主题句	段尾主题句	段首尾主题句	无主题句	合计
频数	30	13	7	115	165
频率	18.18%	7.88%	4.24%	69.70%	100%
卡方值	11.218, $p = 0.004$				

表 3.4　主题句的概括性及类型

类型	概括全段	不能概括全段			合计
		评论段落内容	突出重点	提出话题	
频数	19	10	17	4	50
频率	38%	20%	34%	8%	100%
卡方值	11.280, $p=0.010$				

　　表 3.3 显示无主题句的段落占绝对优势（69.70%），且经卡方检验，各种位置频数呈现出显著性差异。有主题句的段落共计 50 个，段首主题句多于其他类型。分析统计主题句类型时，对于段首和段尾均出现主题句的情况，则仅分析段首主题句，段尾句视为结题句（刘东虹，2015）。表 3.4 显示了主题句的类型。62% 的主题句不能概括全段内容。其中 20% 的主题句是对于段落内容的评论，与段内其他句子有一定的联系，但比较松散。如例（1），"水滴""沙粒""绿叶"三个例子有共同之处，虽然渺小却有大用。由此推出结论"方圆虽异器，功用信俱呈"。诗句做主题句并不符合英语主题句的标准。34% 的主题句则突出段落重点，即主题句反映了段落中最重要的信息，体现了作者的观点或主张。如例（2），第一句为主题句，用隐喻点明全段的重点，下文的名言、例子虽然与之相关，并支持该观点，却不能被涵盖。还有部分主题句仅点明下文的话题，而无题旨。由此可见，汉语作文中的主题句并不等同于英语主题句。

例（1）水滴虽小，却可以组成大海；沙粒虽小，却可以组成宇宙；绿叶虽小，却可以组成森林……不管你是什么，上天创造了你，总有你的用处，不成"方"，还可以成"圆"，正如古诗所云："方圆虽异器，功用信俱呈。"（第 17 篇，2013 年湖北：《天生我才必有用》）

例（2）心灵的到达，到达善时，人性之花悄然开放。海德格尔曾言：

"人类的美德海中的排浪，是涌向天空的狂飙。"你是否震撼于林徽因"让世界看见我的每一朵花开"的心灵宣言，你是否理解她"遍走中国大地，追寻一种可以感受的善意"的执着，你是否见证她"你是人间四月天"的真情吐露？是相濡以沫的爱情，是一诺千金的友谊，是感人至深的亲子之爱。林徽因将成为一种善意精神的化身，在世界喧嚣的地方，化作人性至善的雨露，滋润每一个荒芜的心灵。心灵的到达，到达善时，每一个被现实所割的心灵将被缝合，人性之花弥漫芬芳。（第 29 篇，2012 安徽：《心灵的到达》）

（二）主题句中的修辞手法

表 3.5　主题句中的修辞格

类别	隐喻	明喻	引用	夸张	修辞问句	平行	预言性语言	无辞格句	合计
频数	21	4	2	2	1	1	3	17	51
百分比	41%	8%	4%	4%	2%	2%	6%	33%	100%

表 3.5 显示，满分作文的 50 个主题句中涉及 6 种修辞格：隐喻、明喻、引用、夸张、修辞问句、平行。60% 的主题句用了修辞性语言，其中一个主题句用了两种修辞格——隐喻和平行。隐喻使用的频数最多。带有修辞格的主题句不会清楚地展示话题和题旨，主题句和段内其他支持句之间的联系只能靠类比和联想来推断。如例（3），主题句用了隐喻，表面看是讲"玫瑰"，实际是说"助人于己有利"。后续三个句子分别描述"大海""深山""蓝天"，仔细思考，都与主题句有联系，支持共同的主题。

例（3）赠人玫瑰，手有余香。看那大海，为欢快的鱼虾提供安乐之所，
　　　　自己也更宽广。看那深山，为参天大树展开自己胸脯，少了水与

土的离别。看那蓝天，允许白云恣意飘浮，自己也添了色彩。
（第 22 篇，2014 重庆：《最美是那一声问候》）

33%的主题句没有修辞格，其语言平白易懂，话题与焦点易识别。另有 3 个主题句属于"预言性语言"（刘东虹，2015），仅仅显示语篇行为，而没有题旨信息。例如，2012 年北京满分作文"地势坤——君子以厚德载物"中有个段落主题句"这让我想起了白芳礼老人"。主题句中只有话题"白芳礼老人"，而无题旨或信息焦点。

（三）段落中的例证类别

表 3.6　例证类别

类别	名人逸事/名人名言	典故/谚语/诗句	网红事例	普通人经历	个人经历	社会事件	总计
频数	95	14	17	14	7	8	155
百分比	61.29%	9.03%	10.97%	9.03%	4.52%	5.16%	100%

在 126 个常规自然段中发现例证 155 个，见表 3.6。平均每个常规自然段中有一个以上的例证。学生们倾向于采用名人逸事和名人名言作为例证，其次为网红事例，而个人经历则使用频数最少。这不符合英语段落发展要求，而是更符合汉语写作要求，如人教版《语文》教材的写作指南。

三、英语和汉语议论文知识调查结果

由于 4 个学生没能写出英语或汉语议论文写作知识，因此在研究中被排除了。如表 3.7 所示，我们根据数据收集过程中对学生的写作知识所标记的关键词语的频数，确定了英语和汉语议论文各自的特征。英语议论文特征包括：段落主题句（4 人提到）、论点在第一段明确提出且最后一段总结（11 人）。汉语议论文特征更多：文章要有说服力、感染力，论据要充分，结尾要升华，例子越多越好，文章可以从多个角度分析，如"是什么""为什么""怎么做"，议论过程是层层递进，采用多种论证方式。19 人认为以上这些是汉语议论文特征，

他们的回答显示出英语和汉语议论文写作有部分相似，即都具有基本成分——论点、论据、论证。其中 5 人对于英语议论文除了基本成分以外，不记得其他特征。其余 14 人都能写出英汉议论文各自不同的特征。

此外，8 人的回答显示英汉议论文写作是完全相同的，因为基本成分相同（5 人），因为除了基本成分相同外，英语议论文和汉语一样可以讨论多个话题（2 人），汉语议论文段落像英语一样也有主题句（1 人）。

总之，所有学生都认为英汉议论文有相同的基本成分——论点、论据、论证。参与调查的 27 个学生中有 19 人认为英汉议论文有不同的特点，所有学生都认为汉语议论文写作知识和策略可以应用到英语议论文写作中。

表 3.7　英语和汉语议论文知识调查结果

人数	英语议论文	汉语议论文	注释
3	—基本成分 —段落主题句	—基本成分 —强调文章说服力、感染力	部分相同（基本成分相同：论点、论据、论证） 英汉议论文有各自的特点
11	—基本成分 —论点明确 —最后总结	—论据充分 —最后一段升华 —多举例 —多话题 —层层递进 —多种论证方法	部分相同（基本成分相同：论点、论据、论证） 汉语议论文有更多特点
5	基本成分		
5	基本成分	基本成分	完全相同
2	—基本成分 —多话题"是什么" "为什么""怎么做"	—基本成分 —多话题"是什么" "为什么""怎么做"	完全相同（英语议论文具有汉语特征）
1	—基本成分 —段落主题句	—基本成分 —段落主题句	完全相同（汉语议论文具有英语特征）
2	无知识	模糊	排除
2	模糊	无知识	排除

学生写出的英语议论文写作知识明显少于汉语知识的字数（42 < 72.29），二者有显著性差异：Wilcoxon 符号等级检定（2 个相关样本）结果为 $Z = -3.075$，渐近显著性双尾 $p = 0.002$。说明学生对汉语写作知识记忆深刻，表述较熟练。而且表明汉语文章写作较复杂，英语议论文结构较简单。（见表 3.8）

表 3.8　英汉议论文知识长度比较

	英语议论文知识	汉语议论文知识
均值	42	72.29
标准差	32.04	84.06
Z 值	-3.075　（$p = 0.002$）	

第六节　讨论

一、汉语教材与汉语议论文

英语写作从段落到全文都有系统的理论，段落理论也应用于全文写作。从写作要求看，全文是段落的扩展，段落则是全文的缩影。英美学生先从段落写作开始学习，逐渐到全文写作。中国研究汉语写作的学者们认为，20 世纪 20 年代到 30 年代，以"文体"论为主；40 年代减弱，有了文章结构说，但仍以"体"代"论"，有"学"无"道"；50 年代到 70 年代，受苏联影响，进入"写作知识"时期；1980—2000 年，为现代写作学时期。何坦野（2014）把 20 世纪中国写作理论概括为三种形态：古代形态、近代形态、现代形态。古代形态专注于传统写作理论，以《文心雕龙》为范式，但缺乏学科自觉意识。近代形态吸收了国外的写作文化，注重语法、修辞、文体；另一种表现是以苏联文艺作品为基础的写作知识。现代形态包括基础理论、文体理论、操作理论和理论史，其主要特征是传统的回归，宏观的综合。但是所有这些写作理论都没有段落写作。"从古到今，怎样教人写作没有一套科学的、有步骤的、系统的方法……不仅现在没有，古时也没有……古时教人写文章就是背书，在背书中体会句法和章法。"（何坦野，2014）本研究发现汉语写作教材对于段落的写作要求与英语教材有很大差异。汉语注重文章整体，对全文写作有要求。而段落写作并不受重视，没有系统的理论。四本教材对于段落本身如何写作笔墨极少。我国小学生一开始就学习写全文。段落仅仅是文章的构件，是建筑框架结构的房屋所需的填充物。房屋的框架是主体，这些填充物的主要功能就是使房子整体美观。此外，汉语教材对全文的写作要求也不能应用到段落，因为除了文章开头和结尾段以外，文章主体的段落有"自然段""意义段（层次）""修辞段"三个性质完全不同的类别，这三个类别共同构成全文。总之，从修辞顺序上看，英语写作教学遵循从微观到宏观，而汉语写作则是从宏观到微观。汉语段落写作这个中观层面，却是缺少关注的灰色地带，和英语段落的地位不能同日而语。

议论文范文中无主题句的段落数量占优势，可能因为汉语写作教材中没有主题句的概念，更没有其写作指南。范文中只有三分之一的段落有"主题句"，其中一半的段落有段首"主题句"。但这种"主题句"只能称为"类似主题句"，其写作较随意，与段落内句子的关系较松散，用于突出重点，评论段落内容或者仅仅是提出话题，并不能等同于英语主题句。也就是说，并不能得出汉语段落主题句的写法来源于英语的结论。汉语段落之所以出现类似主题句的句子，也许只是与汉语中"先说重点"的写作顺序有关。也与汉语中"关联性思维"有关，使句间关系松散但又不失连贯。

汉语语篇注重情感诉诸。主要表现在主题句的修辞手法。这和现代英语议论文写作规范不一致。现代英语修辞把写作看成是传递信息的方式，崇尚修辞中的逻辑因素，贬低情感因素，甚至轻视与情感有关的方面（盖瑞特，2000）。英语议论文写作注重用事实做论据，对事实的描述也应客观。汉语议论文里诗化的语言所表达的内容不是事实，而是想象。也说明汉语议论文和散文两种文体是交融的，散文的情感可以体现在议论文中。例如著名杂文家鲁迅，其语言酣畅淋漓，充满激情。不少研究者评论道，"语言特色繁多而统一于诗化，风格多样而统一于战斗性"（刘泰隆，2001）；"诗与政论的结合"和"准和狠的结合"（王美荣，2001）。在中国杂文是一种具有新文学活力的"战斗文体"（李德尧，1993）。这类充满激情的文体一直在中学语文课本中，作为汉语议论文写作的范文。可以说，汉语写作中的议论文更接近杂文。

此外，汉语作文中例子较多，每个自然段都有一个以上的例子，而且倾向于采用名人逸事和名人名言作为例证。反映了汉语文化中注重权威，借助权威来增强论据的力度，强化文章的说服力。这是一种人格诉诸。亚里士多德认为例子是推理论证的很好的手段，成功的例子来自历史。汉语段落写作似乎很接近西方古典修辞学范式。

二、英汉议论文知识的差异

议论文知识问卷调查结果说明，学生的汉语写作知识比英语写作知识具有更好的心理表征，对陈述性知识的掌握较牢固，且能更加准确流利地表述。但是他们的汉语议论文写作知识中没有反映段落写作。大部分人认为英汉议论文写作各有自己不同的修辞特征。而且，他们简化了英语写作知识和策略，趋于和汉语一致。44.44%的学生把英语议论文写作简化为仅三个基本成分——论点、论据、论证。这三个成分可以看成是无标记的，是各种语言中议论文写作所共享的普遍性特征，正如 SVO 结构一样。但不能由此得出结论，英汉两种语言有相同的句法结构，以及相同的议论文写作修辞范式。

此外，所有学生都认为汉语写作知识和策略可以应用于英语写作。这也意味着在实际的英语写作中不可避免地会有汉语写作知识与策略的迁移。本研究的这个发现强化了在中国进行英语语篇修辞教学和研究的必要性。高一虹（Gao Yihong）和文秋芳（Wen Qiufang）（2009）认为，虽然英汉修辞差异中非黑即白的划分太过简单，但这种差异会深深地根植于一个人的语言习惯中，因此需要谨记文化传统对个体的影响。但有些学者认为，使用和讲授这些连英语本族语者都不赞同的英语写作规范，会使老师和学生屈从于盎格鲁—美国文化（游晓晔，2012）。这未免过虑了。虽然语言使用具有可变性和灵活性，但每种语言仍然有一些语言使用者必须遵守的核心规则，因此英语本族语写作者不可能随意而为。英语写作教科书中的这些核心规则帮助初学者构建清晰的写作框架，保持文章和段落内部的一致性与连贯性。成熟的本族语写作者虽然不完全遵循这些规则，但他们也曾经是学校里的初学者，也曾经得益于这些规则的指导。

总之，本研究发现英汉议论文写作仍然存在很大差异，而且学生对英语写作修辞模式的认知比较有限。如果大学不再讲授英语修辞范式，他们会把汉语语篇修辞范式和策略迁移到英语写作中。为了构建目的语语篇，老师和学生至少应该熟悉其修辞范式和策略。即使仅仅为了提高学生的语篇修辞意识，老师们也有必要在写作教学中涉及英语修辞，并且做此类研究。此外，中国的英语专业学生是未来的老师、翻译、研究者，他们的学生也很可能会面向英语本族语者或者受英语文化与修辞影响巨大的读者进行交流。因此，要求每个读者在阅读汉语本族语者的文章前先弄懂汉语修辞与文化，这是根本不可行的。国际交流是建立在共同的平台上，而英语是比其他任何语言都有影响力的国际通用语。考虑到修辞情景中的读者因素，这就是学习英汉修辞差异，调整写作适应读者的理由。即便是汉语成了国际通用语，语篇修辞差异的学习和研究仍然必要。写作中的身份问题对于来美留学的学生来说可能是个急迫的问题，但对于中国学生并不是，而这些学生在第一语言为汉语的学生中占绝大多数。因此，英语写作到底应该教学生什么，这个问题最好由中国本土的学者老师来回答。

科克帕特里克等西方学者试图为汉语写作辩护，认为现代汉语修辞模式和英语具有同等的地位。然而其论据却没有反映出汉语写作的特点，而是归结为汉英修辞模式趋同。其结果是掩盖了汉语特有的修辞模式。盖瑞特（Garret）（2013）指出，比较修辞学研究中"为他者代言"（speaking for others）"存在局限性，因为代言人往往是西方文化中的学者，他者为非西方文化。代言人在自己文化中长期沉淀下来的习性，使他们无法完全理解他者的文化。即使"谈论他者"（speaking about others），也会产生一样的结果。而且，"为他者代言"是有风险的，因为代言人为他者代言的结果是他者不再发声，实际上导致了权力失衡。因此，代言人应该进行自我反思（self - reflexivity）。如果中国学者和老师茫然接受科克帕特里克等人的观点，那么就不再会就此问题做研究，不会再发声，进而影响英语写作教学的方向和策略。

第七节　小结

我们基于比较修辞学视角，以英语语篇修辞模式为框架，分析中学及大学阶段的语文写作教材和高考满分作文，发现当今汉语议论文写作并未接近英语修辞范式。首先，汉语教材中没有系统的段落写作理论及指南，而且汉语中的"段落"含义与英语不同，有三个含义——层次（意义段）、自然段、修辞段，其中教材只强调"层次"。其次，汉语作文中的"主题句"不能等同于英语写作中主题句，且无主题句段落数量在议论文中占很大比例。此外，本研究还发现了汉语段落的两个特征，一是段落内部趋于采用并列关系，构成数量最大的非归纳演绎式段落；另一个是情感化语言。这些研究结果都不能支持科克帕特里克等学者的观点。如果英语写作教学中无视汉英修辞差异，盲目认为汉英在语篇修辞层面是一致的，其结果会忽略中国学生在母语文化中习得的思维方式、写作习惯及策略，进而忽视这些方面对于英语写作质量的负面影响。卡那嘎拉亚（Canagarajah）（2013）指出，第二语言写作涉及越来越多的学科，正在变成超语言，甚至超学科，因为它正面临学科重构的变化。第二语言写作研究也是一样。二语写作可以从不同角度、不同学科进行研究。提倡身份、声音、教育政策方面的研究，并不一定要抑制对写作者语篇的研究。允许多种视角、多种声音，有利于学术生态环境的健康发展。

第四章

论证的充分性与说服力——基于图尔敏模式的研究

第一节　前言

论证是劝说性修辞不可缺少的部分，是说服读者的手段。英语议论文体的基本要求是，作者提出观点并提供论据支持，从而影响和说服读者。论据要求具有充分性，即提供充足的事实并进行分析。罗森华莎（Rosenwasser）和斯迪芬（Stephen）（2008）也认为，不管你用什么方法来写作，都必须充分展开，没有什么比展开不充分更能削弱一篇文章的力量了。然而，克莱蒙（Crammond）（1998）和沃尔夫（Wolfe）（2009）认为，有效的论证必须包含对不同观点的反驳。本章第一节介绍图尔敏论证模式的来源及图尔敏自己对其模式的改进，第二节综合介绍其他学者对图尔敏模式的种种修改与补充。第三节介绍了学者们对"理由"的不同理解，并提出在实际议论文中"理由"呈现出的几种不同形式，以便于写作教学和实证研究中的数据收集。第四节综述了研究者对图尔敏模式的修改、补充及发展。第五节综述图尔敏模式在第一和第二语言议论写作教学研究中的应用，主要分为教学实验研究和文本研究。第六节详细呈现一项实证研究，从横向和纵向的角度对学习者论证的充分性和说服力进行比较，旨在探讨同一时代不同年级学习者议论文的差异，以及不同时代学习者议论文的差异。第七节是另一项实证研究，对汉语和英语议论文中的图尔敏成分进行了比较，探讨英汉写作对于论证的充分性和说服力方面的不同理念。

第二节　图尔敏模式

斯迪芬·艾德尔斯顿·图尔敏（Stephen Edelston Toulmin）是英国哲学家、修辞学家和教育家。他于 1958 年出版了专著《论据的使用》（*The Uses of Argument*），在英国反响甚微，甚至被利兹大学的同事讥讽为"反逻辑的书"，然而得到美国同行的认可和高度评价。他在书中提出的论证模式，即"图尔敏模式"（Toulmin Model），被誉为当代论证理论的奠基石。

图尔敏认为传统的三段论不能反映论证的本质，逻辑推理不只体现在三个部分，大部分论证结构比三段论复杂。图尔敏模式的基础是直言三段论，虽基于形式逻辑，但弥补了三段论推理的不足。最初的图尔敏模式为法庭论辩而设计，由三个成分构成：依据（data）、理由（warrant）、主张（claim）。论辩者呈现事实依据，说明理由（进行推理论证），从而得出结论（主张）。

后来图尔敏对模式进行了修改。他认为"理由"有多种类型，得出结论的力度会有所不同。有些"理由"会使人得出毫无疑义的结论，结论可以用"必定"（necessarily）修饰。另一些"理由"则要么使人从"依据""试探性地"（tentatively）过渡到"主张"，要么须加上条件，例外情况才能得出结论，因而需加上限定词"probably"或者"presumably"。因此图尔敏增加了另外三个成分：支援（backing）、保留（reservation）、限定词（qualifier）。这六个成分构成的论证模式如图 4.1 所示：作者提出论点（主张），用事实（依据）支持，说明事实如何支持论点（理由），并提供更多、更详细的说明（支援），排除例外情况（保留），加上限定词来缓和论点中的语气。例如，"教师休息室一般来说应该禁止抽烟"为"主张"，"理由"是"公共场所禁止抽烟"，"依据"为"教师休息室每天都有一些老师课间在这里休息或做课前准备"。如果有人对"理由"提出疑问"为什么公共场所禁止抽烟"，三段论由于其简单而固定的模式而无法进行具体的解释，图尔敏模式则可以利用

"支援"对质疑展开进一步的阐释，如"公共场所不仅有烟民，还有非烟民，不抽烟的人被动吸烟有损健康"。还可以借助"保留"进行全面详细的补充，如"除非教师休息室是专用的抽烟室"，如图4.2所示。

依据（Data）—————— 限定词（Qualifier）—————→ 主张（Claim）

理由　　　　　　　　　　保留
（Since Warrant）　　　（Unless Reservation）

支援
（Because Backing）

图4.1　图尔敏模式

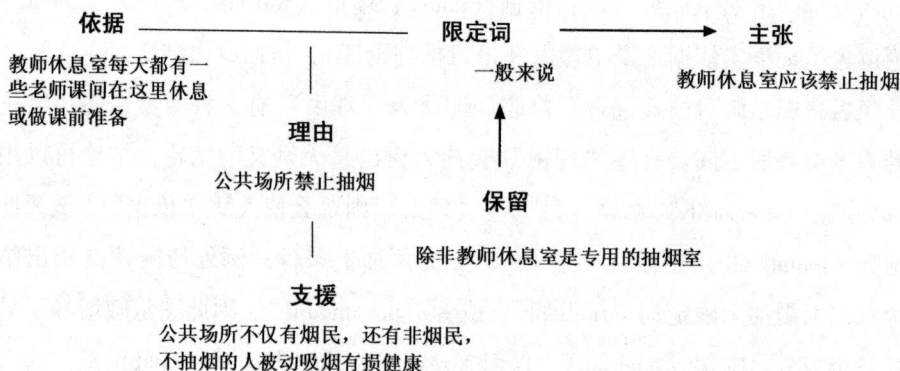

依据—————————— **限定词**————→ **主张**

教师休息室每天都有一　　　　一般来说　　　　　教师休息室应该禁止抽烟
些老师课间在这里休息
或做课前准备　　　　　**理由**

公共场所禁止抽烟

保留

除非教师休息室是专用的抽烟室

支援

公共场所不仅有烟民，还有非烟民，
不抽烟的人被动吸烟有损健康

图4.2　图尔敏模式实例

图尔敏认为，"理由"是一种推理许可（inference license）。"保留"不一定只是排除例外情况，更常见的是考虑反方观点，并进行反驳，所以 R 解释为 Rebuttal 更加合理。图尔敏指出，"理由"的界定具有语场依赖性（field-dependence），在一种语场中界定为"理由"，很可能在另一语场为"依据"。

图尔敏模式将论证过程视为动态的，符合人的认知思维的过程。图尔敏模式虽为法庭论辩而设计，没得到法律界认可，却受到修辞学界的推崇。与传统逻辑推理相比，图尔敏模式有很多优点。首先，论证过程可以被质疑，由此产生的主张是有争议的；而传统的逻辑推理是严格遵循三段论进行，产出的主张是无争议的。图尔敏模式通过排除例外情况和加上限定词，对主张进行限制，使之具有局限性；而传统逻辑企图产出放之四海而皆准的主张。此外，传统逻辑推理太简单直接，不免会产生漏洞；图尔敏模式则要求在推理过程中不断检查薄弱点，并进行弥补，防患于未然，如提供对理由的支援，排除例外情况。

第三节　"理由"是什么

图尔敏（1958）论辩模式影响极为广泛，然而其重要成分"理由"却受到忽视。"理由"不像"依据"那样明确清晰，可以表现为具体的事例。因其隐含在思维逻辑中，许多研究避而不谈。一些实证研究在数据收集时将其排除，如阿卜杜拉赫扎德赫（Abdollahzadeh）等人（2017），斯泰普尔顿（Stapleton）和吴艳敏（Wu Yanmin）（2015），刘辅兰（Liu Fulan）和斯泰普尔顿（2014），秦菁菁（Qin Jingjing）和卡拉巴卡克（Karabacak）（2010）。沃伦（Warren）（2010）指出，"理由"被认为"诡异"（tricky）、"难以讲授"，也被写作教材和教师们略去。少数教材涉及"理由"，但误导较多。沃伦（2010）以美国具影响力的写作教材之一《一切皆论据》（*Everything's an Argument*）为例，指出其对于文章中"理由"的识别产生误导。总之，呈现"依据"后不能直接跳转到"主张"，省掉其间的推理，否则文章会出现逻辑断层。因此，"理由"不可或缺。我们应该缕清"理由"是什么。

一、"理由"与场依存

图尔敏（2003）认为，"理由"的作用是确保从"依据"到结论的步骤合理、合法。"理由"是不同类型的命题，如规则、原则、推理许可等笼统的、假设性的陈述，充当从"依据"到结论的桥梁。可以简洁地表达如例（1），也可以更详细清楚地表达如例（2）。

例（1）"如果 D，那么 C"

例（2）"D 这样的依据使人得出 C 这样的结论或者提出 C 这样的主张"

再如例（3）所示，得知亨利昨天晚上在办公室和同事一起加班，我们得出结论——亨利不是凶手。起桥梁作用的"理由"是"一个人不会既在案发现场又在办公室"，即亨利在办公室这种依据使我们得出这样的结论。

例（3）亨利昨天晚上在办公室和同事一起加班（依据）

一个人不会既在案发现场又在办公室（理由）

亨利不是凶手（主张）

"理由"和"依据"的区别在于回答不同的问题，前者回答"你是如何得出结论的"（How do you get there），后者回答"你有什么证据得出结论"（What have you got to go on）。"依据"是显性、具体的，往往是明确呈现的。而"理由"则是隐性的，需要思考、挖掘。"理由"比较笼统，具有普遍性，用于证明所有同类论据的合理性。

图尔敏（2003）还认为"理由"具有"场依存性"（field－dependent），"支援"也一样，即来自相同"场"的"支援"才能支持其"理由"。每个"场"内有自己的推理原则或推理许可，仅适用于"场"内的事件。如，"鲸鱼是哺乳动物"，其"理由"是根据动物分类系统。"百慕大人是英国人"，其"理由"是依照有关英国殖民地的法律。也就是说，这些"理由"来自不同的"场"，从而推导出各自"场"中的结论。否则会造成谬误。如，不能用法律条款来推导"鲸鱼是哺乳动物"，也不能用动物分类系统来推导"百慕大人是英国人"。

然而，"场依存"观点受到沃伦、弗里曼（Freemen）、希区柯克（Hitch-cock）等学者的质疑。首先，什么是场？是学科、语篇、知识团体，还是话语团体？图尔敏的界定并不清楚，也导致了各种各样的解释。其次，弗里曼（2005）认为图尔敏关于场的概念具有"相对主义"倾向。如果把场理解为特定话语团体的语篇，而话语团体是可以自由制定规则和标准的，那么相对主义倾向就更加严重。

此外，如果把"理由"看成原则、规则等，那么有些"理由"属于基本常识，是绝对真理，不是假设，因此与场无关。如，"人总有一死""有花开就有花落"。那么，"理由"到底是具体的原则、规则，还是笼统的推理许可？图尔敏没有进行区别和明示。学者们进行了各种解释，从而增添了"理由"的模糊性和神秘性。

二、"理由"是前提、直觉吗

有些学者认为，"理由"相当于三段论中的大前提，如沃伦（2010）。例（4）中，基于"老师和其他高薪职业人士一样受过很好的训练且辛勤工作"这样的依据，提出"老师应该拿高薪"的主张。"理由"是"受过相似程度训练且辛勤工作的职业人士应该拿相似的薪水"。如果用三段论的形式来改写"主张""依据""理由"三个成分，"理由"就是大前提。沃伦（2010）认为，"理由"是大前提的"逻辑对等物"（logical equivalent）。国内逻辑学领域的学者们如邓杰（2012）、金立和赵佳花（2016）的态度更加肯定，认为"理由"即大前提。

例（4）大前提：受过相似程度训练且辛勤工作的职业人士应该拿相似的
薪水（理由）

小前提：老师和其他高薪职业人士一样受过很好的训练且辛勤工
作（依据）

结论：老师应该拿高薪（主张）

然而，沃伦纠结于"理由"的语言表述，认为精确的表述有助于训练学生识别文章中的"理由"，主张采用图尔敏的简洁表达式"如果 D，那么 C"。而我们认为，图尔敏反对用形式逻辑来分析议论文体，他之所以提出简洁表达式只是以此为起点，把读者从当时盛行的形式逻辑中引出来。图尔敏"理由"的核心内容是"你是如何得出结论的"，回答这个问题不能仅靠只有一句话的表达式。而且，图尔敏认为"理由"是规则、原则、推理许可等，但是这些都不是一句话可以概括的。表达式不能适用于实际的议论文，依赖表达式则把复杂的问题简单化，又回到了图尔敏之前的时代。

弗里曼（2005）提出，"理由"是由直觉决定的。四种直觉决定了四种"理由"，即先验性直觉（a priori intuition）、实证性直觉（empirical intuition）、制度性直觉（institutional intuition）、评价性直觉（evaluative intuition）分别决定了相应的"理由"，即"必要理由""实证性理由""制度性理由""评价性理由"。"必要理由"基于人类对于世界的普遍认识，属于基本常识范畴，如例（5）。"实证性理由"反映了外部世界中的因果联系，这些联系在于人们去发现。弗里曼（2005）最初采用的术语是"描述性理由"。如例（6），人们经过多次观看篮球比赛，根据经验总结出了守卫强的篮球队容易在七局四胜的比赛中获胜，确定了这种因果联系。"制度性理由"，即"解释性理由"（弗里曼，2005），基于对构成性规则的学习。因塞尔（Searle）（1969）称构成性规则为"制度"，弗里曼将此类理由命名为"制度性理由"。如例（7），只有学习了交通规则才知道喝酒后开车违反交通规则。"评价性理由"则与道义、品德、美学相关，如例（8）。四种"理由"中，弗里曼着重讨论了"实证性理由"和"制度性理由"。他认为，为了得出合理的结论，有时几种类型的"理由"会同时使用。也就是说，几种"理由"有可能会交织在一起。

例（5）一个人是小孩，就不可能同时也是个老人。

例（6）守卫强的篮球队会在七局四胜中胜出。

例（7）酒驾违反交通规则。

例（8）说谎是坏行为。

然而，弗里曼的思想似乎也有不完善之处。直觉是一种感觉，与思考无关。而"理由"是论证推理范畴，应该是理性的，而不是感觉。此外，弗里曼没有讨论"评价性理由"，仅仅一笔带过。最重要的是，弗里曼的讨论只具有逻辑学意义，所用的例子都是为解释其观点而生造的断言类的句子。其"理由"观很难适用于实际的议论文。

三、"理由"是推理过程

希区柯克（2005）建议用前提作为"依据"的替代词，即"依据"是前提；理由（warrant）不是前提本身，而是为了从前提得出结论而发放的推理许可（inference – license）。晋荣东（2014）称之为"推理的担保机制"。此观点和沃伦及弗里曼的观点不同。

"理由"在语义上等同于概括性或泛化的条件式——"如果 $P_1 \cdots\cdots P_n$，那么 C"。$P_1 \cdots\cdots P_n$ 代表一系列条件，C 代表结论。"理由"把前提（依据）和结论联系起来，对如何从依据中得出结论进行论证。因此在推理过程中"理由"必不可少。希区柯克举例如下：有人听见类似火车汽笛声，于是就推测出附近必定有火车。此人的"理由"可以概括为：

如果有类似火车的汽笛声，那么这声音一定是附近的火车发出的。

然而，仅靠一个条件不足以推导出附近有火车的结论，于是提供更多条件，作为进一步的支持，如，如果附近的火车司机鸣笛，那么这声音一定是我刚才听到的那种。

一系列的条件使得推理过程较为严密，从而确保了结论正确。由此说明"理由"是这样一种推理过程的展现。再以《墨子·非攻下》中的对话为例。好战之君认为自己的攻伐为义举，其"依据"是禹、汤、武王因其征战而立为圣王。墨子认为他没有搞清楚类别关系。按墨子之见，昔日的圣王讨伐的对象是有罪之国，而好攻伐之君的攻打对象是无罪之国。由于二者异类，性质不同，因此从禹、汤、武王的攻伐为义举出发就无法推出"我之攻伐亦为义举"。晋荣东（2014）用图尔敏模式详细展现了这个推理过程（图4.3），说明好战之君的推理因墨子的话不支持其"理由"而不能成立。

例（9）今逮夫好攻伐之君，又饰其说以非子墨子曰："以攻伐之为不义，非利物与？昔者禹征有苗，汤伐桀，武王伐纣，此皆立为圣王，是何故也？"子墨子言曰："子未察吾言之类，未明其故者也。彼非所谓'攻'，谓'诛'也。"

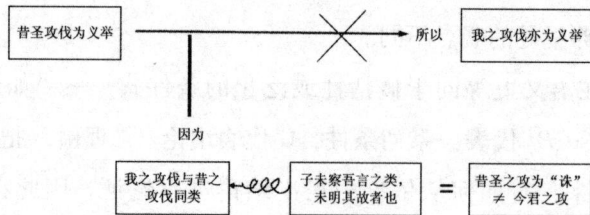

```
┌─────────────┐                    ✕          所以   ┌─────────────┐
│ 昔圣攻伐为义举 │──────────────────────────────────→ │ 我之攻伐亦为义举 │
└─────────────┘         │                            └─────────────┘
                        │
                       因为
                        ↓
              ┌─────────────┐    ┌─────────────┐    ┌─────────────┐
              │ 我之攻伐与昔之 │←── │ 子未察吾言之类，│  = │ 昔圣之攻为"诛"│
              │   攻伐同类    │    │ 未明其故者也  │    │ ≠ 今君之攻   │
              └─────────────┘    └─────────────┘    └─────────────┘
```

图4.3　《墨子·非攻下》的图尔敏模式图解

四、现代议论文体中的"理由"

（一）"理由"作为语段的合理性

希区柯克认为好的推理应该具备四个条件：恰当的依据，充足的信息，正当的理由，证明无例外。其中恰当的依据和正当的理由是推理的内在本质条件，其他两个属于外围、语用方面。希区柯克突出了推理的重点，强调了

"依据"和"理由"的作用，使推理步骤更加清晰。因此，"理由"在论证推理中不可或缺。秦菁菁和卡拉巴卡克（2010）、阿卜杜拉赫扎德赫等人（2017）以及其他研究者在议论文分析中排除"理由"，是不可取的。

"理由"可以是隐性的、被省略掉的推理过程，也可以是显性的文字体现。隐性"理由"暂且不谈，那么显性"理由"在议论文中有何体现呢？根据图尔敏对"理由"的定义，"理由"既是规则和原则本身，又是推理过程。那么，"理由"在议论文写作中体现为对规则和原则的陈述，还是对推理过程的展示？

杰克逊（Jackson）和施耐德（Schneider）（2018）指出，图尔敏的例子中"理由"总是以规则和原则的形式出现，所以使人产生错觉，以为"理由"就是对规则和原则进行论断式的表述，即只有一句话。因而导致有些学者认为"理由"就是大前提。图尔敏认为"理由"有多种类型，弗里曼（2005）、库伯（Cooper）等（1984）认为"理由"是复数形式，即可以同时提出多个"理由"。这些都表明"理由"不是简单地用一句话能说明的。

基于上述分析，我们采用希区柯克的观点，认为"理由"是一种推理过程。在实际的议论文写作中产出的语篇是自然语言，受语境影响很大，统一的规则难以描述其"理由"。这种语篇的论证过程不是图尔敏的"形式论证"，而是"广义论证"（鞠实儿，2010），即具有说服力，且与话语相关领域的知识相协调，符合语用环境的论证。如果将图尔敏的"哈利出生在百慕大"一例转变为实际的议论文，那么其"依据"——"哈利出生在百慕大"则可以扩展，描述哈利出生时的环境、情景、过程，甚至哈利的家庭背景等细节。"理由"——"按照法律，出生在百慕大的人一般都成为英国公民"则可以详细分析该条法律条款和哈利的联系，即对该条款的解读以及哈利有哪些方面符合该条款。最后得出结论。由此看来，论证语篇中的"理由"可能是几个句子，甚至一段话，体现为"语段"（Asher，1993），即一个以上句子构成的语篇块。语段的划分由逻辑或语义结构、主题内容、修辞结构等决定，在议论文体中"理由"语段的划分也是如此。

（二）"理由"的种类

弗里曼（2005，2006）把"理由"分为"必要理由""实证性理由""制度性理由""评价性理由"。在议论文中"理由"也体现为这四种类型，用以说理、解释、假设、评论等，其目的是引导、帮助读者从"依据"中领会作者的观点。

"必要理由"依赖于人们的生活常识，如对自然现象的认知，对常见动植物的了解。这类理由是人类共知的真理。如例（10），作者用人们常见的啄木鸟做类比，对上文的"依据"进行解释，挖掘深层含义或动因。例（11），作者用人们常见的蛋糕上的糖霜来比喻间隔年，对上文的"依据"进行解释。各个行业都有类似间隔年之类的休整阶段。无论多么热爱工作，但是一直工作就如同一直吃蛋糕一样不免乏味，加上糖霜就不一样了。"必要理由"挖掘了深层含义。

例（10）很多跨国大企业的董事会中，都有一个专门唱反调的人，唯有这样一个人时时处处作梗，才能促使决策的准确深入英明。新东方徐小平说："对创业者来说，如果你有一个3～4人的核心团队，有一个人老在唱反调，这是企业大幸。"［依据］道理很简单，因为他扮演着异类，调和着你，反驳着你，警醒着你，也推动者你，如大树上的啄木鸟，它既是医生，也是一个饥饿的人。但始终与你共存共生。［理由］（2019年江苏高考满分作文：《萝卜烧萝卜，还是萝卜烧肉》）

例（11）The final reality is that gap year programs don't have to be only for the young in transition; they also exist in the working world ［主张］. In academia they call them sabbaticals. In politics they call them getting real world experience. In sports they call them taking time off for healing. ［依据］These are all gap periods in one's long‑term career and can all be icing on the cake called life. How much icing your cake needs is wholly up to you. ［理由］（扫尔 Sole, 2015）

　　"实证性理由"来自作者或他人的经验。如例（12），杭州保姆纵火案是"依据"，作者根据经验对各种原因进行分析——保姆专业性不够，缺少资格审查和背景调查，说明为什么会发生杭州保姆纵火案，从而支持其论点——找靠谱的保姆很难。例（13），作者首先提供"依据"——许多中国家长并不赞同西方教学方法。从此"依据"到其论点（我只需要欣赏西方教学法的家长）之间有很大的沟壑需要填平。作者对"依据"进行了分析，基于自己的教学经验，认为如果家长不认可老师那套创新而有效的教学法，就不会赞同老师所做的一切。从而引导读者得出结论。这种"理由"属于"实证性理由"，是老师们在长期教学中总结出的。

　例（12）为孩子找到一个靠谱的保姆，是几乎每个城市妈妈都经历过的血泪史［主张］。找保姆照顾小孩，对保姆的品格和专业能力要求都非常高。但国内家政行业基本还处于散兵游勇阶段，专业性远远不够。找保姆更多依靠朋友圈的口碑推荐，要找到合适的保姆几乎全靠运气。更有甚者，由于缺少对从业人员的资格审查和背景调查，一些有不良倾向的人员进入家政行业，保姆伤害雇主家庭成员的事屡屡发生。［理由］最为惨痛的是杭州保姆纵火案，保姆莫焕晶长期沉迷赌博，之前在受雇于多家雇主时都被发现有盗窃行为而被辞退，但仍然被介绍到林先生家做保姆，最终酿成惨祸。［依据］（辛省志, 2019）

　例（13）. . . there are many Chinese parents who do not understand nor agree with Western teaching methods. ［依据］My methods are far differ-ent from traditional Chinese teachers. If parents don't have knowledge of effective and innovative teaching methods, then, they won't like or agree with how I do it. ［理由］I don't want or need everyone to agree with me. I only want those who understand that there are many better ways of teaching and learning than traditional ones. ［主张］（墨菲 Murphy, 2019）

　　"制度性理由"依赖于某个领域的规则、原则、法令等，体现了图尔敏的"场依存"观。如例（14），前四个问题是反问，最后一个问题是设问。五个问题构成"依据"。画线部分为"理由"。概括前面几个问题涉及"合法性、医学伦理及医学安全"等非常重要的方面，这些都对孩子不利，从而导出作者的观点——用孝道绑架孩子是不对的。作者的理由来自医疗行业的法规、原则等，因此为"制度性理由"。例（15），作者首先呈现"依据"，即中国及东南亚国家产品生产的成本低。然后提出"主张"——美国企业的贪婪使得大量产品在这些国家生产。随后是"理由"，依赖经济规律、供求关系来解释为什么美国企业选择中国等国家作为产品生产国。这个"理由"属于经济学领域，是"制度性理由"。

　　例（14）但疑问是，路子宽作为一个限制民事行为能力人是否有权做出这样的"决定"？或者说，他做出这样的"决定"什么情况下才是合法的？如果是监护人的决定，这样的决定是否符合被监护人的最大利益？路子宽理解这个自己的"决定"或监护人的决定对他本人意味着什么？几个月内迅速增肥三十多斤，对健康有无长期损害？捐献造血干细胞，是要打动员剂的，动员剂的正式名称是"粒细胞集落刺激因子"，对人体是有一些风险的，药品说明书上对"儿童用药"的说明是"慎用"。［依据］未成年人捐献造血干细胞的合法性、医学伦理及医学安全等问题是不能假装不存在的，也不是一句"孝道"就可以抹杀的。这些许多人没有说出口的隐忧，很可能才是有人说路子宽这孩子"太懂事了、太可怜了"背后的潜台词。　［理由］（陈斌，

2019）

例（15） These countries could produce consumer goods at a much lower cost than American companies. The simple answer is, American companies outsourced to improve their profits. In fact, they improved their profits substantially even in light of the fact that shipping costs were added to the produced goods in order to get them to America. ［依据］ American corporate greed is responsible for this. ［主张］ Of course, China met the demand quite easily because of the much lower labor cost in producing goods in China versus producing goods in America. It is a simple economic rule of capitalism. It is called "supply and demand". China and many other countries supplied cheaper labor while American companies were seeking lower manufacturering costs. American companies couldn't compete. ［理由］

（墨菲 Murphy, 2019）

"评价性理由"注重说理和阐释，凭自己的主观感悟对"依据"进行分析和评论。"评价性理由"不完全属于道德和美学范畴。如例（16），作者阐述了历史学家和老百姓的简单做法，然后对这两个"依据"进行评论，说明只读史、不思考并不会使人明智。例（17），作者首先提出"主张"——希望政府使得城市道路方便自行车。然后用个人的经历作为"依据"，以长沙为例说明没有足够的自行车道，仅有的几条自行车道也被机动车所占领。最后对这个"依据"进行分析和评论。作者指出在中国尽管有很多红绿灯，但过马路总得小心翼翼，从而把读者引向"主张"。总之，"评价性理由"有一定的主观性，强调作者的感受。

例（16） 在漫长的中国古代史上，一些历史学家总是按照"善恶忠奸"这个简单的思路，对复杂的历史记忆进行整合。几千年来，他们总是认为，中国之所以没有治理好，就是因为人心不古，不肯好好听孔子的话。如果大家都老老实实贯彻孔孟之说，那么尧舜之治很快会再现。而普通老百姓听评书、演义，得出的结论更简单：一切成功都是因为皇上听了忠臣的话，一切失败都是因为皇上听了奸臣的话。只要"亲贤臣、远小人"，天下自然太平。［依据］这种历史总结能力，是中国从秦朝到清朝，一直在"鬼打墙"式的治乱循环中绕圈子的原因之一。所以，读史需要悟性。"读史使人明智"这句话并不绝对正确。学历史不见得都能获得智慧，有的时候获得的是更深的愚昧。［理由］（张宏杰，2019）

例（17）I really hope the government can make the roads in cities more bike – friendly. ［主张］From my personal perspective, it's pretty risky to ride a bike in Chinese cities. Things are probably much better in some metropolises, but here in Changsha, I don't really see separated bike lanes. Even though some lanes are labeled as bike lanes, they are most of the time unfortunately occupied by private vehicles or motorcycles. ［依据］Having to watch out for traffic from all directions seems to be pretty common in this city. I have become accustomed to being very cautious when walking across a road. Even though there are traffic lights everywhere, it's not safe. ［理由］（朱敏 Zhu Min, 2017）

上述例子仅仅说明弗里曼的四类"理由"在汉语议论文中有对应的体现，但是还有一些"理由"是弗里曼的分类无法概括的。主要原因是自然语篇的生成较随意，虽然也注重逻辑上的严密性和简洁性，但更注重思维的流畅性。此外，鞠实儿和何杨（2014）认为，论证理论的本土化研究十分必要，因为自然语篇的产出受文化思维的影响，论证理论及其规则都有文化思维的相关性。"理由"是汉语议论文中的说理,有特殊的体现形式,汉语作者对"依据"进行描述性的推理分析,也应看作一种"理由"类别,即"描述分析性理由"。这类"理由"难以归入前面任何一类。例(18)中"主张"是第一句,即产品质量问题引发信任危机。"理由"首先对"依据"——消费者对"助农"产品给出违心的好评——进行原因分析,进而对于"爱心错付"的后果进行推测,从而建立"依据"到"主张"的联系。

例(18)另一个问题是产品质量问题引发的信任危机。[主张]在这些营销文章下,经常可以看到这样的留言:"买了发现坏了好几个,但依然给了好评""买了支持,希望快点卖完"。[依据]*由于广告中出现了各种"助农"字样,许多消费者购买产品的目的从消费产品更多变为情感满足,通过消费帮助他人,对于产品的品质几乎没有要求,产品品质也常常不如宣传。而当消费者知道这一切只是营销,滞销情况不属实,甚至成了产品品质差的遮羞布,爱心错付,情感必然受到伤害。*[理由](廖媛,2019)

五、结论

图尔敏论对其论辩模式中的重要成分"理由"的模糊界定,引起各种解读。把"理由"理解为大前提,是把复杂的问题简单化。弗里曼的"理由"观较复杂,认为"理由"由四种直觉决定,但仍然属于"形式论证",无法解释实际的论证语篇。议论文体中的论证是"广义论证"。我们认为"理由"是一种推理过程,在议论文体中具体体现为"语段",有"必要理由""实证性理由""制度性理由""评价性理由",用以说理、解释、假设、评论等,并引导读者从"依据"中领会作者的观点。但是由于汉语语篇的特殊性,还呈现出第五种形式——描述分析性理由。"理由"的澄清,有利于议论文研究中成分的鉴别以及写作教学。

第四节 图尔敏模式的修改补充

图尔敏模式存在一些问题。许多学者对于图尔敏模式中成分的界定提出疑问，尤其是"依据""理由""支援"三者界定模糊，容易混淆（杰克逊，施耐德，2018；Nielson，2013）。弗克孙（Fulkerson）（1996），茵琪（Inch）和沃里克（Warnick）（2002）发现，如果用该模式分析整篇议论文，就会出现有些语句难以归类的情况。在写作教材和教学材料中图尔敏成分的名称也有变动，以便于学生们更好地理解和学习议论文写作。例如在普渡大学写作网站上（The Purdue Owl Purdue University Online Writing Lab），"主张"被称为"结论"（conclusion）、"断言"（assertion）、"观点"（opinion）；"依据"被称为"根据"（grounds）、"前提支持"（premise supports）、"事实"（evidence）、"原因"（reasons）；"理由"被称为"链接"（link）或"假设"（assumption）。

鉴于其成分鉴别的困难，研究者们根据自己的研究语境和语料对图尔敏模式做了一些修改，特别是成分的界定。克莱蒙（1998）对图尔敏模式做了细化和重新界定（见图4.4）。细化包括四个方面：

第一，"限定词"不仅指表示情态的词语，如 probably 之类的词，而且指所有对主张起限制作用的词语。

第二，"支援"细化为两种，不仅有针对"理由"的"支援"，而且有针对"依据"的"支援"。

第三，"反驳"不仅限于例外情况（reservation），而且有反驳对主张可能造成威胁的观点（rebuttal），认可其他解决之道（alternative solution），因此"反驳"细化为三个成分。

第四，"主张"下面还有"次主张"（sub–claim），与"主张"紧密联系，更加具体。

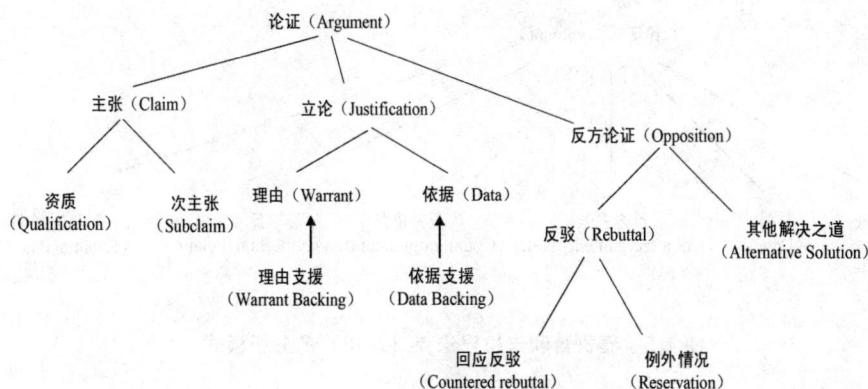

图 4.4 Crammond 的修改模式

此外，克莱蒙还做了重新界定工作，把图尔敏成分分为必要和可选两类。"主张"和"依据"为必要成分，其他成分均为可选。克莱蒙的修改模式对以后的研究有很大的影响，拓宽了看待图尔敏模式的视角，对修改图尔敏模式有积极作用。

秦菁菁和卡拉巴卡克（2010）则将图尔敏模式进行简化和补充。他们修改过的图尔敏模式虽然也包括六个成分，却与原模式不完全相同。秦菁菁和卡拉巴卡克保留了"主张"和"依据"，却删除了"理由""支援""限定词"，其理由是这些成分在学生的议论文中极少使用，无关紧要。而把"反驳"细化为"反方主张""反方依据""反驳主张""反驳依据"。该模式体现了"权衡论证"（韦尔曼，1971；晋荣东，2016）的思想。为了便于和图尔敏自己修订的模式区分开来，我们称之为"图尔敏新六成分"，见图 4.5。该模式颇具影响，后来有些研究以此为分析框架。

论证（Argument）

| 主张
（Claim） | 依据
（Data） | 反方主张
（Counterargument claim） | 反方依据
（Counterargument data） | 反驳主张
（Rebuttal claim） | 反驳依据
（Rebuttal data） |

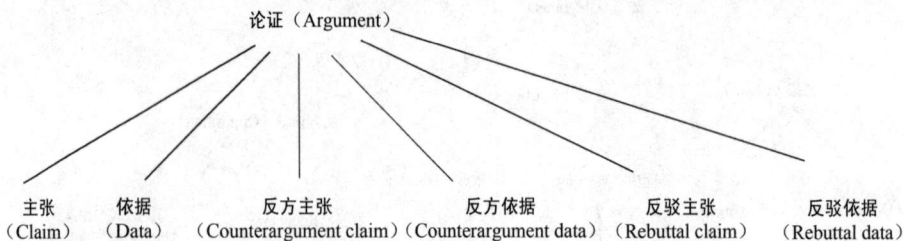

图 4.5　秦菁菁和卡拉巴卡克（2010）的分析模式

沃尔夫等人（2009）从认知角度对读者和作者从记忆中搜寻图尔敏模式进行了分析，侧重于"主张""依据""反方论据"，并对各成分进行了细化，将图尔敏模式的认知过程称为"论证图示"。"主张"产出三个"空位"需要填充，即"主题"（theme）、"立场"（side）、"述谓"（predicate）。"主题"即话题，"立场"指赞同还是反对，"述谓"是立场的具体表述。如"开车时打电话的行为应该受到法律制裁"，主题为"开车时打电话"，立场是"反对开车时打电话"，述谓是"应该受到法律制裁"。再如，"开车时打电话的行为应该被劝阻"，主题和立场与上例相同，但述谓不同，因此其"依据"和"反方论据"也不同。沃尔夫等人（2009）将"依据"称为"原因"（reason），并从"为什么接受主张""是否正确""是否有进一步的支援"三个方面进行细化。但是该模式忽略了 warrant（理由），与 reason（原因）混同。

还有其他学者把图尔敏模式进行修改后，应用到其他文体。如维特豪斯（Whithaus）（2012）将图尔敏模式修改后，用于环境科学论文的多模态分析。弗斯（Voss）（2005）和弗斯等人（1985）针对口头语篇（如专家访谈）对图尔敏模式进行了修改扩展。语篇可以由多个图尔敏模式构成；"主张"可以是另一个论证结构的"依据"；"支援"可以包含由"主张""依据""理由"构成的论证结构；"反驳"不仅可以有"支援"，还可以包含由"主张""依据""理由"构成的论证结构；甚至"限定词"也可以包含由"主张""依据""理由"构成的论证结构。

第五节 图尔敏模式与议论文写作研究

图尔敏模式应用于议论文写作的研究主要分为教学实验研究和文本研究两个方面。大部分研究针对第一语言写作，参与者是英语为母语的学生。下文分三个方面进行综述。

一、基于图尔敏模式的教学实验研究

多年来写作课老师把图尔敏模式作为议论文教学的策略，将该模式应用于议论文写作教学，可以分为六步。第一步介绍话题或问题背景，提出论点。第二步提供事实依据，即论据。第三步说明论据与论点的联系，把读者导向论点。第四步支持第三步，进一步分析论据。第五步讨论反方观点，进行反驳。第六步得出结论，即重申论点。

不少教学实验研究发现，图尔敏模式作为教学策略有助于学生学习议论文写作。如，瓦吉斯（Varghese）和亚伯拉罕（Abraham）（1998）对新加坡英语专业本科学生明确讲授图尔敏论证模式，要求在这个模式下进行议论文写作训练。研究结果表明，该方法有助于学生构建写作者可信度，用论据支持主张，阐述问题的两个对立面，更好地解决问题。

托普拉克（Toplak）和斯坦诺维奇（Stanovich）（2003）对于反方论据的教学效果进行了研究。他们要求大学生针对三个话题写出正方论据和反方论据，产出的正方论据数量普遍远远多于反方论据。经过几年的学习后，正方论据和反方论据的数量差异有了明显变化。然而，帕金斯（Perkins）（1985）的研究却未发现教学效果（沃尔夫等人，2009）。

二、图尔敏模式与第一语言议论文写作特征

基于图尔敏模式的写作文本研究主要针对第一语言，关注英语为母语的

学生对于模式的应用与写作质量的关系。这类研究大多出现在 20 世纪八九十年代，如珂纳（1990），库伯等人（1984），克莱蒙（1998），弗斯等人（1983），费里斯（Ferris）（1994），克努森（Knudson）（1992）。珂纳（1990）的研究旨在找出有效的方法来衡量和评价劝说性作文。她选取了英国、美国和新西兰高中生的作文，从句法特征、连贯性和劝说性三个方面进行了分析。劝说性的衡量指标是图尔敏模式的三个基本成分，并为每个成分制定了三个档次的分数等级。研究结果发现，图尔敏模式的使用比文本长度更能说明写作质量，得分高的作文在"依据""理由""主张"的表述上也很高。

库伯等人（1984）分析了 10 篇美国大学新生议论文的结构特征、详述的深度，发现质量较好的作文在图尔敏成分"依据""理由""支援"方面的表述较详细。但总体上看，所有作文在"理由""保留""限定词"上均显不足。该研究最大的弱点是样本数量太少，研究结果无法适用于其他大学新生作文。麦肯（McCann）（1989）分析了美国六年级、九年级和十二年级学生的议论文中图尔敏成分的质量，每个成分的质量判断采用四个等级。研究结果表明，学生在"主张""理由""反驳"的写作质量上随着年级而增长；九年级学生的"反方论据"和"反驳"质量明显高于六年级，更加注重读者因素；然而在"依据"方面各年级之间没有显著性差异。

克莱蒙（1998）的研究基于上文提到的修改后的图尔敏模式。该研究比较了六年级、八年级、十年级学生的议论文各 12 篇，以及 7 篇高水平成年人的同题议论文。数据收集包括图尔敏模式细化后的成分以及论证结构的数量、深度和详细程度。研究结果显示，绝大多数学生能用"依据—理由—主张"基本模式组织语篇，而高水平成年人组则能用更多的"理由""反驳""限定词"。学生们使用图尔敏成分的频数随着年级而增长，尤其是"反驳"。

沃尔夫和布里特（2008）的研究表明，只有 15% 的十二年级的学生掌握了论证结构，大部分学生不能写出明确的主张，对主张提供相关支持，甚至缺少文章组织结构的连贯性。写作水平低的学生不会提及反方观点和论据，沃尔夫和布里特将这种仅论证自己观点的文章称为"己方偏见"（myside bias），并归结为心理表征中缺少正确合理的论证图示。如果学生只有"主张＋依据"这种最简论证图示，那么写作中就不会有"支援""反方观点""反驳"等内容。换言之，"己方偏见"来自对论证的错误理解，如果作者不认为好的议论文应该有反方论证，那么其文章中很可能会排除反方信息。沃尔夫和布里特认为，论证图示是可以学习的，且具有文化属性，通常由论证性文章触发一系列期待和问题。然而遗憾的是，该研究却并没有涉及文化因素。

沃尔夫等人（2009）的文章包括三项小型的实证研究。参与者均为修心理学课程的英语母语者，要求对带有或不带有"反方论据"和"反驳"的不同论证结构进行 7 分制评判。第一项研究表明，只进行我方观点论证削弱了其论证的力度，影响读者对作者的印象，也影响论证的说服力。第二项研究表明，好的论证结构并不一定具有说服力。如果读者认同其"依据"，即使不同意其"主张"，也会认为该论证结构有力度。第三项研究证明了含有"主张""依据""反方论据"的简短的写作指南，尽管只有两页纸，对于提高大学生议论文的质量却非常有效，他们的文章中大多会包含这三个成分，并且老师的评分较高。

上述研究中均发现，图尔敏成分的使用频率和质量随着年级或者年龄的增长而递增，尤其是与读者因素相关的成分——"反方论据"和"反驳"。这些也许与认知水平、写作策略的提高有关。

三、图尔敏模式与第二语言议论文写作特征

目前，将图尔敏模式应用于第二语言议论文写作教学的研究数量不多。秦菁菁和卡拉巴卡克（2010）采用其修改过的图尔敏新六成分——"主张""依据""反方主张""反方论据""反驳主张""反驳论据"，分析了中国英语专业二年级学生的议论文。结果发现，每篇文章都有四个左右的"依据"来支持"主张"，但是"反方主张""反方论据""反驳论据"的使用频率非常低。这些议论文的总体写作质量与"反方论据""反驳论据"的数量之间

呈现出非常显著的正相关关系，却与基本成分"主张"和"依据"没有显著的相关关系。

程菲文（Cheng Feiwen）和陈越淼（Chen Yuehmiao）（2009）采用克莱蒙（1998）修改过的图尔敏模式，并借鉴其数据收集方法，即图尔敏模式细化后的成分以及论证结构的数量、深度和详细程度，考察和比较了中国台湾和美国大学一年级学生议论文中图尔敏模式的运用。发现中国台湾学生与美国学生相比，论证结构数量较少，论证的复杂程度较低。但中国台湾学生的汉语议论文中图尔敏模式和美国学生相近。此外，两组学生均不善于处理反方观点。由此说明，文化因素不一定是造成差异的原因，第二语言水平以及写作水平等发展性因素可能导致两组学生在图尔敏模式使用方面的差异。

斯泰普尔顿和吴艳敏（2015）的研究也采用秦菁菁和卡拉巴卡克（2010）的分析框架，即图尔敏新六成分，旨在探讨由图尔敏新六成分构成的表层结构和论证质量的关系。他们首先对香港高中生的议论文统计图尔敏新六成分的使用数量，从中选出成分使用量最大的6篇作文。然后对这6篇作文进行论据与主张的相关性以及可接受性分析，从而提出评价议论文写作质量的新标准。刘辅兰和斯泰普尔顿（2014）指出了英语专业八级作文的不足——话题提示和写作要求中缺少反方观点。他们通过12周的教学实验，发现受过反方论证训练的学生在英语专业八级作文中会提及反方观点并加以反驳，而且作文得分较高。

阿卜杜拉赫扎德赫等人（2017）分析了伊朗研究生议论文中图尔敏成分和写作质量的关系，分析框架采用秦菁菁和卡拉巴卡克（2010）的图尔敏六成分。结果发现"主张"和"依据"的使用量最大，"反方主张""反方论据""反驳主张""反驳论据"使用量最小。写作质量和"主张""依据""反方主张""反方论据""反驳主张""反驳论据"均有显著的相关性。

国内基于图尔敏模式的议论文写作研究非常罕见。据CNKI检索，除了几篇硕士论文外（如李凯，2014；傅广兴，2017），少数几篇发表在一般期刊上，如柴改瑛（2009），刘应亮和陈愿（2016）。而 CSSCI 期刊上没有此类文章（检索日期截止到 2019 年 5 月 30 日）。也许因为国内学者们对于图尔敏模式不甚了解，这类研究完全依赖克莱蒙（1998）或者秦菁菁和卡拉巴卡克（2010）的框架，对其薄弱点和不足之处没有进行完善。柴改瑛（2009）采用克莱蒙（1998）的分析框架，没有进行优化和修改。其研究对象是三个年级的大学生作文共 39 篇。研究结果表明，大部分作文用图尔敏模式作为语篇组织方式，提出主张时表述比较极端，影响了逻辑思维的客观性；对反方观点的意识普遍薄弱，极少进行反驳，影响了逻辑论辩的力度；学生的思维深度和广度随着年级而增加。刘应亮和陈愿（2016）采用秦菁菁和卡拉巴卡克（2010）的分析框架，分析了 36 篇大学生议论文，结果发现学生较多使用主张和依据，反方主张、反方依据等则使用较少，且主张的使用与议论文整体质量具有相关性。

四、评论

总体看来，上述基于图尔敏模式的议论文写作研究，从不同视角将图尔敏模式进行了修改优化，拓展了其应用空间。对于议论文写作教学和文本分析研究都有很强的理论意义和指导作用。对图尔敏模式在第二语言写作中的应用研究有一致性的发现，图尔敏成分的使用频率，特别是反方论证，与写作质量有相关性。

然而，上述研究存在一些不足，主要是数据收集中成分的界定和质量评判问题。以较有影响的几项研究为例。珂纳（1990）和麦肯（1989）仅仅引用图尔敏对于三个基本成分的笼统定义，而没有针对其研究语料中的实际情况进行操作性定义。而且他们虽然为图尔敏模式的每个成分分别制定了几个档次的分数等级，但是表述不够清晰，主观性太强，影响档次的判断和把握。如珂纳（1990）在"依据"的三个档次的表述中分别是"依据和主张不是直接相关""依据大体上和主张相关""依据明显和主张相关"。这些档次只能靠主观感觉来评判。克莱蒙（1998）数据收集的标准也不清楚，这样会导致成分鉴别的困难，使得他人难以复制其研究，从而影响其研究结果的信度和效度。秦菁菁和卡拉巴卡克（2010）在定义中混淆了"依据"和"理由"。"依据"定义为"事实、统计数据、研究、专家观点、定义、类比、逻辑解释"。然而，根据图尔敏的理论，类比和逻辑解释是从"依据"过渡到"主张"之间的桥梁，因此不能作为"依据"。这种定义上的混乱会影响到成分鉴别和数据收集，进而影响研究结果的可信度。鉴于一些有关第二语言写作的研究都采用克莱蒙（1998），秦菁菁和卡拉巴卡克（2010）的分析框架，因此无法避免上述问题。

其二，克莱蒙（1998）研究中参与者是英语母语者，研究结果不能概括说明二语写作者议论文中的论证问题。

其三，对图尔敏模式的基本成分加以排除，影响了研究结果。如秦菁菁和卡拉巴卡克（2010）未考虑图尔敏模式的两个重要成分"理由"和"支援"，他们的理由是"参与者作文中出现频率非常低"，却未说明具体的频数。

其四，托普拉克和斯坦诺维奇（2003）提出反方论据的写作可以通过教育得到改善，但是该观点颇有争议，如帕金斯（1985）的研究却未发现教学效果。而上述基于图尔敏模式的第二语言写作研究仅分析同一语言水平的学习者，如秦菁菁和卡拉巴卡克（2010），程菲文和陈越淼（2009），斯泰普尔顿和吴艳敏（2015）。因此，还需做更多的研究。

此外，上述研究对于图尔敏成分的衡量要么采用频数比较，要么进行各成分的档次比较。前者较客观，但会简化和掩盖论证充分性的程度问题。后者虽然力求反映议论文论证充分性的差别，但因评判标准太主观而难以把握。因此，在数据收集和分析中还需要制定既客观、便于把握，又能反映论证充分性的衡量指标。

第六节 实证研究一

一、研究背景与研究问题

图尔敏模式是"新修辞学派"中影响深远的论证模式,包含了论证的充分性与说服力所必需的成分。该模式在议论文教学与研究中广泛应用,相关研究主要关注图尔敏模式各成分的使用与写作质量的关系。然而,第二语言写作的相关研究几乎都排除了图尔敏模式的重要成分"理由"(warrant),而且对其他成分的界定比较模糊,在一定程度上影响了研究结果,因此有必要进行分析框架的改良,并做进一步研究。此外,珂纳(2011)认为,跨文化修辞学研究应该扩大研究范围,不仅比较同时期不同文化背景的文本,同一文化内部不同时期的学习者文本也可以进行比较研究。图尔敏模式写作研究中的参与者均为同一时期的学习者,而不同时期、不同时代的学习者议论文写作是否不同还有待调查研究。在中国,英语议论文(广义,包括 exposition和 argumentation)写作教学与研究已有约 30 年历史,近十年来写作教学的理念变化迅速,有合作产出、过程法、评判性思维的培养等。然而,缺少纵向的实证性的比较研究,未能反映不同时代、不同教学理念下的学习者修辞模式是否有变化。沃尔夫和布里特(2008)认为论证图示具有文化属性,与特定文化中的思维模式息息相关。文化修辞传统的影响会固化在个体的写作习惯中(高一虹,文秋芳,2009)。那么在当今跨文化交际时代,学习者的论证图示是否会发生变化呢?

本研究基于图尔敏模式,对克莱蒙(1998)以及秦菁菁和卡拉巴卡克(2010)的分析框架进行综合、修改和补充,产出自己的分析框架,对不同年级、不同时代学习者议论文进行比较。从图尔敏模式角度分析论证的充分性和说服力,从而探讨其论证图示是否固化。具体包括两个方面——己方论证和反方论证。这是图尔敏模式的组成部分，是当今英语议论文的两个重要方面（罗森华莎，斯迪芬，2008；沃尔夫等人，2009；克莱蒙，1998）。总之，本研究从横向和纵向的角度对学习者论证的充分性和说服力进行比较，即探讨同一时代不同年级学习者议论文的差异，以及不同时代高年级学习者议论文的差异。因此提出如下研究问题：

（1）不同年级的英语学习者议论文论证的充分性和说服力是否有差异？

（2）不同时代的英语学习者议论文论证的充分性和说服力是否有差异？

二、语料来源与访谈

（一）语料1

1. 体裁的选择

本研究采用便利抽样，所有的语料均来自《中国学习者书面英语语料库》（*Written English Corpus of Chinese Learners*，简称 WECCL）（文秋芳等，2005）。所有作文都来自华东和华中地区九所院校英语语言文学专业的大学生。体裁包括记叙文、说明文和议论文。由于本研究是以图尔敏模式为分析框架，所以选取了议论文作为本研究的语料。

2. 限时与非限时作文

语料库中的作文分为限时与非限时作文，研究人员可以根据研究目的做出选择。据文秋芳等（2005）在《中国学习者书面英语语料库》前言中介绍，所有限时作文均在 40 分钟内完成，字数要求为不少于 300 字。换言之，这些作文均为初稿，未经学习者自己或他人修改。学习者所能依赖的只有自己的认知资源，而非其他资源。因而，研究中的干扰因素可以降到最低，限时作文比非限时作文更能满足本研究的要求。

3. 语言水平与话题

《中国学习者书面英语语料库》中的议论文包括四个年级学生的作文。本研究的目的是将高水平学习者与低水平学习者在图尔敏模式的使用上进行对比，找出其修辞特征。我们推测年级跨度越大，差别可能越明显。鉴于上述原因，选取了一年级和四年级学生的作文。语料库中一年级学生的话题有两个：Education as a life – long process（收录 32 篇作文），Impact of Internet（收录 32 篇作文）。四年级学生的作文话题则更多：Education as a life – long process（收录 30 篇作文），Impact of Internet（收录 30 篇作文），其他自由话题（收录 30 篇作文）。

在选择研究语料前，我们进行了小型的问卷调查。让 30 名大学生在"Education as a life – long process"和"Impact of Internet"两个话题中选出较容易写作的话题，26 名学生选择了后者。因此，本研究确定了"Impact of Internet"为作文话题。共收入 62 篇 300 字以上的议论文，均在 40 分钟内完成。写作要求如下：

"Some people think that the Internet is good to our life. While others think that it is bad. Write an essay to express your view."

（二）语料 2

对于语料 2，我们没有选用最近的语料库（如 TECCL），因为无法区分哪些作文是大学四年级学生所写以及是否为限时作文，而且作文话题和写作提示无法保证与语料库 1 一致。此外，语料库的建设时间跨度一般较长，如 TECCL 为 4 年，而本研究想调查最近的发展。鉴于如上因素，我们决定招募志愿者参与本研究。27 名志愿者参与了本研究，以"Impact of Internet"为作文话题，按照《中国学习者书面英语语料库》中的写作要求完成了 300 字以上的议论文，称为"19 高年级"组。之所以仍然选择用《中国学习者书面英语语料库》的同题作文，考虑到如下因素：议论文的关键是话题要有争议性；虽然十五年前的网络和当今的网络所产生的影响不同，但是网络的利弊以及人们对网络的争议一直存在，现今仍然适合作为议论文的题目。此外，样本数量虽然不大，但足以用于本研究。因为本研究考察的是文章的逻辑组织，即每篇文章的逻辑深度，故不适宜用大的样本，太多语料会影响分析的质量。

参与者是华中地区一所高校英语专业四年级学生，学习背景与十五年前《中国学习者书面英语语料库》中的大四学生有所不同。首先，他们所处的时代更加注重评判性思维。如 1989 年 1 月—2004 年 12 月这 15 年期间,中国知网上 CSSCI 期刊以"critical thinking"为关键词的文章只有 1 篇(李瑞芳,2003),而 2005 年 1 月—2019 年 6 月约 15 年间发表了 85 篇。研究评判性思维,发表文章的作者是老师,在阅读和写作教学中不免会重视学生评判性思维的培养。同时这些文章的发表也是教学导向的反映。其次,在写作课程中,这些参与者学习了议论文的修辞策略。十五年前较权威的写作教材是由外语教学与研究出版社出版,丁往道等(2004)主编的《英语写作手册》,其议论文写作指南只给出了六条建议:话题要有争议性,要有充分的事实支撑,文章要有好的逻辑、清晰的逻辑,要有描写和叙述,写作态度要真诚等。没有提到议论文要有反方论证。而当今议论文教学中增加了反方论据和反驳。本研究参与者们的写作课老师增加了一些教学内容,其中包括议论文写作中的反方论证。

三组作文首先由两人进行了评阅,从语言、内容、结构方面制定了评分档次。"05 低年级"组平均分为 73.03(标准差 3.04),"05 高年级"组平均分为 78.70(标准差 3.70),"19 高年级"组为 80.22(标准差为 4.44)。经独立样本 t 检验,"05 低年级"组和"05 高年级"组具有显著性差异($t = 7.30$,$p = 0.000$)。高年级两组没有显著性差异($t = 1.50$,$p = 0.139$),属于同一语言水平的学生。

(三)访谈

在收集议论文语料 2 之后,我们按照"19 高年级"组名单顺序随机选取了 5 人(每隔 4 人选 1 人)做深度访谈。访谈目的是调查现今学生对于图尔敏模式中的"理由—支援"和"反方论证"的看法和做法。每次访谈时间不超过 30 分钟。从"你认为好的议论文是什么样的?"开始,就参与者的谈话层层提问。

三、数据收集与分析

（一）新的分析框架

图尔敏发现"依据""理由""支援"难以区分，认为这些成分具有语场依赖性，主要看语境而定。但是秦菁菁和卡拉巴卡克（2010）因此把"理由"去掉，也不可取，因为珂纳（1990）和费里斯（1994）认为，"主张""依据""理由"是预测作文总体质量的三个关键成分。因此，我们认为研究中应该根据实际情况自己界定各成分。本研究将上述几个成分均纳入了统计范围。

本研究以克莱蒙（1998）修改过的图尔敏模式、秦菁菁和卡拉巴卡克（2010）的"图尔敏新六成分"为基础，加以综合和修改，产出本研究的分析框架，见图4.6。

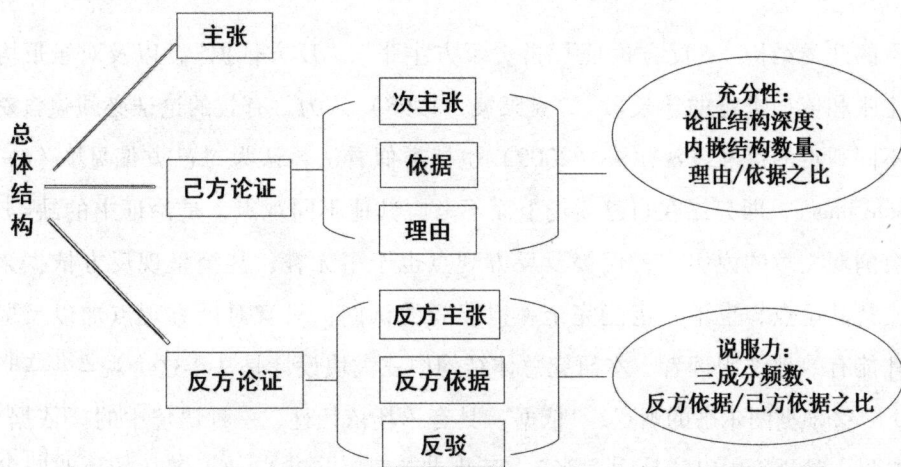

图 4.6　本研究的分析框架图

图4.7展示了理想的议论文结构。新的分析框架说明如下：

①总体论证结构包括"主张""己方论证"和"反方论证"。"论证"指对于"主张"的支持，包括"次主张""依据""理由"，可以有一个以

```
                         总体结构
                         Argument

    主张              己方论证                            反方论证
    Claim            Justification                      Opposition


次主张1      次主张2      次主张3         反方主张         反方依据        反驳
Subclaim 1  Subclaim 2  Subclaim 3     Counterarguent-  Counterargument-  Rebuttal
(Data)      (Data)      (Data)         claim            data


依据Data1.1  依据Data2.1  依据Data3.1


理由         理由         理由
Warrant1.1  Warrant2.1  Warrant3.1
```

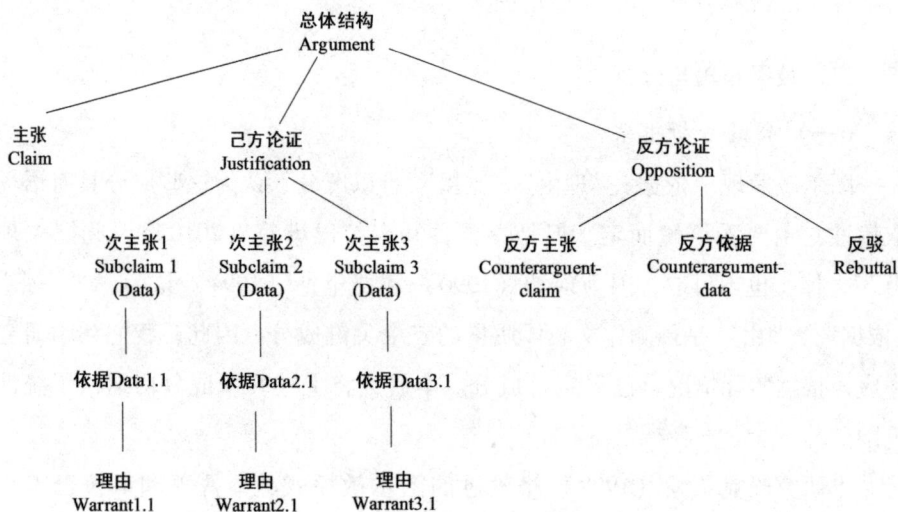

图 4.7 议论文理想结构图

上的此类结构。"反方论证"指"反方主张""反方依据",以及对于反方主张和依据进行的"反驳"。克莱蒙(1998)认为,有效的论证必须包含对不同观点的反驳。沃尔夫(2009)也持类似看法,认为"己方偏见"(my-side bias),即只站在自己立场上而不考虑其他不同观点,是论证中的缺陷,会削弱文章的说服力;仅提及反方观点也于事无补;甚至呈现反方依据来支持其论点,也不一定能完全赢得读者的认同;只有对反方观点加以反驳才能有效地说服读者。本研究总体结构中三大块设计是基于这个观点。

②根据图尔敏的观点,"依据"具有语场依赖性,一种语境中的"依据"在另一种语境中可能是"主张"。因此克莱蒙(1998)加入了"次主张"的概念。本研究采纳"次主张"的概念,在文章整体中,相对于"主张",它是"依据"。但在段落中,它是"次主张"(段落主题句),因为后面有"依据"和"理由"给予支持。

③鉴于"理由"和"支援"难以区分,在英语学习者议论文这样的体裁和语境中,二者很可能浑然一体。在本研究中将二者合而为一,称为"理由"。

④根据中国英语学习者的写作特点，采用秦菁菁和卡拉巴卡克（2010）的"反方主张""反方依据"。克莱蒙（1998）"反方观点"（Opposition）的子成分太烦琐，不适用于分析中国英语学习者的议论文。

⑤鉴于中国学生很少使用"反驳依据"，在秦菁菁和卡拉巴卡克（2010）的研究中平均数为0.18，因此本研究采用图尔敏模式的思想，将"反驳"看作整体，不做进一步划分。

己方论证的充分性不仅仅反映在成分的频数上，还反映在"论证结构深度""内嵌结构数量""理由/依据之比"。前两个因素从论证的深度和广度方面反映论证的充分性。作文总体结构中己方论证由一个个论证结构——"次主张＋依据＋理由"组成，形成结构链，结构链中底端的论证结构便可以反映"论证结构深度"（见图4.7和图4.8）。"内嵌结构数量"指作文总体结构中己方论证的所有论证结构。"理由/依据之比"指二者在作文中所占篇幅的比率。"理由"的篇幅越多，则比率越高，说明作者不仅限于列举例子，还具有推理论证能力。反方论证的说服力也不仅体现在成分的频数上，还体现在"反方依据/依据"之比。这些是与前人的分析框架完全不同之处。具体统计方法见下文"数据收集与分析"。

该框架的优势在于：保留了图尔敏模式的基本框架，将"理由"作为反映写作者论证能力的重要成分之一，确保了研究的有效性；将"理由"和"支援"合并，有利于数据编码的准确性。而且，新的研究框架对论证的充分性和说服力的研究不是单靠图尔敏成分的频数，而是从深度、广度、篇幅等方面综合衡量，使得衡量方法比前人更进一步。最重要的是，新框架考虑到了作者（英语学习者）、语境（议论文习作）、成分的对等性（去除"限定词"）和框架的适用性，为图尔敏模式在应用语言学方向的发展做了尝试。

（二）图尔敏模式的论证成分鉴别

本研究鉴别和统计七个成分："主张""次主张""依据""理由—支援""反方主张""反方依据""反驳"。表4.1展示了本研究中图尔敏成分的操作性定义和例子。例子均来自本研究语料中学习者的议论文。数据收集和统计中具体操作说明如下：

表 4.1　图尔敏成分的定义、例子及统计原则

成分	定义、例子及统计原则
主张	定义：对于有争议问题的断言或观点，即文章的论点句。 例如：I believe the impact of the Internet will decrease the circulation of newspapers because the Internet is quicker and also much more varied than newspaper. 统计原则：全文只统计一次，即只统计有或无。结尾段再次出现重申论点，则不计入本研究的任何类别。
次主张	定义：论证结构中的主张，即段落的主题句或分论点句。 例如：Firstly, we can get information more quickly from the Internet than from the newspaper... Secondly, the Internet is more creative than newspapers... 统计原则：每个分论点段只统计一次，若结尾再次出现呼应句或结题句，则不计入本研究的任何类别。
依据	定义：支持主张的论据，如事实（包括客观存在、社会现实）、个人事例、统计数据等。 例如：Thanks to the e-mail, I've made an American friend. We talked about our lives cultures, etc. I really couldn't imagine that I could know a foreign friend before the Internet was invented. (personal experience) 统计原则：根据句子或句群的意义来划分和统计其数量。如果有两个意义一样的例子，第一个是笼统的事实，第二个是具体的个人事例，那么算作两个"依据"。
理由—支援	定义：对依据与主张的逻辑联系进行分析，或交代得出结论的原因或理由。见本章第三节。 例如：(A friend of mine says, "There are so many kinds of... It is really wonderful." 依据) Her description for watching a film on line may show the advantages of internet. 理由 统计原则：由于理由和对理由的支持很难截然分开，所以本研究合而为一。

成分	定义、例子及统计原则
反方主张	定义：和文章主张相反的论点。 例如：Of course, some shortcomings can be detected when the internet has such a great effect on friendship. 统计原则：根据句子或句群的意义来鉴别和统计数量。
反方依据	定义：支持反方主张的论据，如事实（包括客观存在、社会现实）、个人事例、统计数据等。 例如：There are also complaints from college professors because they find their students may cheat with the use of the internet. There are other people´s writings publicized on the internet which some students borrow them without identifying the sources. 统计原则：根据句子或句群的意义来划分和统计数量。
反驳	定义：对反方主张的回应，指出其不合理或薄弱之处（Ramage and Bean, 1999） 例如：However, we cannot deny such a fact that an increasing number of young people even middle - aged people get themselves informed by the Internet, smart phones rather than daily newspaper. 统计原则：根据句子或句群的意义来鉴别和统计数量。

①关于"次主张"和"依据"。一般来说，每篇文章有一个以上的"次主张"，以及一个以上的"依据"来支持"次主张"。我们用"次主张 1""次主张 2""依据 1.1""依据 2.1"等标识。然而，有时支持"次主张"（如"次主张 1"）的"依据"表述比较笼统，通常是一句话，而且后面接着是具体的例子。这种情况看作"次主张 1"的下一级结构，由"次主张 1.1"和"依据 1.1.1"构成。如例（19）所示，"people use internet to make an application for storage"是段首"次主张"的"依据 1.2"，然而后面有更详细的句子对其解释和支持，所以看成"次主张 1.1"，而不作为"依据"，不进行

重复统计。

  例（19）Internet is neutral（主张）...

    People can use it as an instrument to do good things for them（次主张 1）. First, people use internet to make an application for storage（次主张 1.1）. In order to look through the materials conveniently, people use an application named Cloud to store whatever they want to store, without occupying the storing space of mobile phone, computer or other electric devices（依据 1.1.1）. What's more, people use internet to find a place for relaxation（次主张 1.2）. With more and more pressure, people prefer to relax themselves in internet, like playing games（依据 1.2.1）. And people use internet to link with others together and so on（依据 1.2.2）...

    People can also use internet to do bad things（次主张 2）...

  ②由于本研究语料是英语学习者的作文，语言水平以及母语思维方式都会影响语篇的产出，有些句子难以归入图尔敏成分。如例（20），画线句子是"次主张 1"的重复。此外，作文中开头部分一般是话题的引入，结尾段除了重申论点，还有"强化论据""结束""延展"等语步（刘东虹，2015）都不属于图尔敏模式。因此图尔敏模式并不能涵盖整篇作文。每篇作文中无法归入图尔敏成分的句子，我们归入"其他"，不予统计。

  例（20）The first one is that internet is seen as a breeding ground for illegal activity（次主张 1）. One of the unintended consequences of the internet has been the immense amount of illegal and dangerous activity that it has harbored and perpetuated. For example, commit fraud, inappropriate material online for children, piracy, the place like

"The dark net" and so on（依据 1.1）.

图尔敏成分的鉴别主要基于文章中的语义和逻辑。此外，还借助于语言符号——词语。如，鉴别"主张"和"次主张"主要依赖断言类的表达（如"Without doubt, it is that the Internet has great impact on every side of our society, making our life easy and convenient"），以及词块类的短语（如"in my opinion" "I believe" "I think" "as far as I'm concerned" "firstly" 等）。"依据" 的鉴别可依赖 "for that reason" "for example" "for instance" 等。"反方主张/依据"往往和"反驳"同时出现，有些词语可以作为鉴别这些成分的线索，如"although" "despite" "even though" "some people claim that... however..." "it is said that... but...".

（三）己方论证充分性和反方论证说服力指标统计

我们借鉴克莱蒙（1998）的研究方法，统计论证结构的深度和内嵌结构数量，因为其研究结果显示，质量好的议论文的论证结构较深，且内嵌结构数量较多。此外，为了进一步比较图尔敏基本成分的使用，"依据"的长度和"理由"的长度也做了统计。各项界定如下：

①"依据"长度：指每个"依据"的平均长度，即每篇作文中"依据"的总字数除以"依据"数量。

②"理由"长度：指"理由—支持"的平均长度，即每篇作文中"理由"的总字数除以其数量。

③"理由/依据之比"："理由—支援"的字数与"依据"字数的比率，说明二者在文章中的比重。

④"反方依据/依据之比"："反方依据"的字数与"依据"字数的比率，说明二者在文章中的比重，借以衡量"反方依据"的详细程度。

⑤论证结构深度：作文中"主张—依据"结构最长的结构链。统计该结构的层次数量。如例（19）的"总体结构"包括"主张" "论证结构1"（依据1）和"论证结构3"（依据2），这是第一层次结构。"论证结构1"又包

括"次主张 1"和"论证结构 2",构成第二层。而"论证结构 2"又包括"次主张 1.1"和"依据 1.1.1",构成第三层。因此这篇作文的深度为 3,见图 4.8。

⑥内嵌结构:指总体结构下面的论证结构。本研究统计每篇作文中内嵌结构的数量,如图 4.8 中有 3 个内嵌结构。

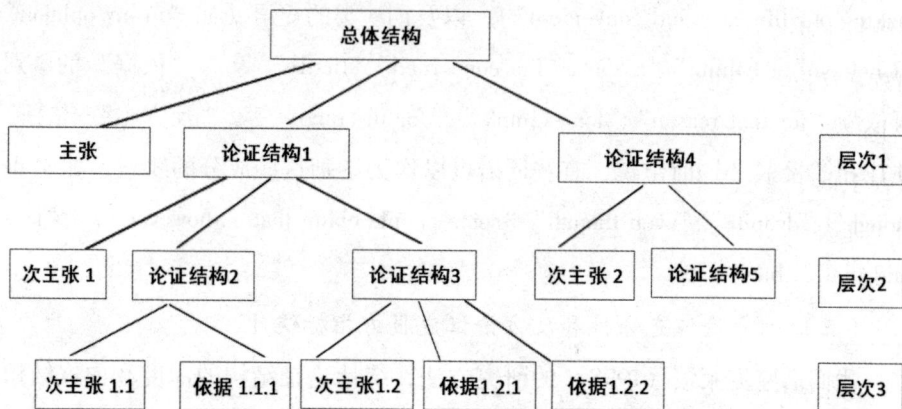

图 4.8 例(19)的论证结构图

数据收集由两人承担。首先,两位编码员研读并熟悉各项定义,浏览所有作文。然后,分别对三篇作文的图尔敏成分进行鉴别,旨在对于定义和数据收集标准达到认识上的统一。之后分别鉴别和统计所有的作文。最后,不一致的地方进行讨论商榷,直到达成一致。两个编码员在图尔敏各成分的一致性如下:主张 100%,次主张 93%,依据 90%,理由 79%,反方主张 97%,反方依据 89%,反驳 100%。数据检验采用曼—惠特尼检验(独立样本),用于比较两个年级组间的差异以及两个高年级组间的差异。

访谈内容先录音,然后再转写成文字。从参与者对问题的回答中找出与问题相关的关键词语,如"分析""阐述""例子"等,以便于锁定要点,排除其他无关主题的话语。再对 5 位参与者的话语进行比较、归类。最后概括参与者的回答,提炼出大意。

四、研究结果

(一) 文本分析结果

表 4.2 显示了低年级和高年级作文使用图尔敏成分的频数。"主张"的使用上无任何差别，每篇作文都明确提出了"主张"。两个年级在其他六个成分的频数上均有不同程度的差别。除了"反方依据"和"反驳"，其他成分的频数平均值均表现为低年级低于或等于高年级，但是这些差异没有达到统计学上的显著性，可以忽略。"理由"的频数具有显著性差异，高年级作文的频数大于低年级（$1.27 > 0.38$，$p = 0.001$），说明高年级学生更善于针对例证阐述理由和分析原因。

表 4.2 不同年级作文中图尔敏成分的频数比较

图尔敏成分	低年级（$n = 32$）		高年级（$n = 30$）		Z 值
	平均值	标准差	平均值	标准差	
主张	1	0.00	1	0.00	0.00　$p = 1.000$
次主张	2.31	1.39	2.57	0.05	1.58　$p = 0.12$
依据	4	1.80	4	1.11	0.79　$p = 0.43$
理由	0.38	0.51	1.27	1.05	3.29 ** 　$p = 0.001$
反方主张	0.5	0.62	0.5	0.63	0.02　$p = 0.99$
反方依据	0.5	0.65	0.27	0.58	0.48　$p = 0.63$
反驳	0.09	0.39	0.07	0.25	0.03　$p = 0.97$

$^* p < 0.05$　$^{**} p < 0.01$　$^{***} p < 0.001$

表 4.2 中两个年级作文在"依据"的数量上几乎没有差异，而表 4.3 对于"依据"长度进行的统计和比较却显示出统计学意义上的差异，低年级的"依据"长度均值大于高年级（$46.06 > 36.04$，$p = 0.044$）。而其"理由"的使用不仅在频数上小于高年级，长度上也远远小于高年级。在"理由"与"依据"长度的比率上，低年级远远小于高年级，说明低年级作文较多的篇幅

用于描述"依据"。在论证结构的深度和内嵌结构的数量上，低年级均小于高年级，这些差异均具有统计学上的显著性。

表4.3　不同年级作文论证的复杂性比较

	低年级（32 人）		高年级（30 人）		Z 值
	平均值	标准差	平均值	标准差	
依据长度	46.06	21.04	36.04	14.03	2.01* $p = 0.044$
理由长度	9.78	12.21	20.09	17.20	2.45* $p = 0.014$
理由/依据之比	0.06	0.19	0.24	0.72	3.34** $p = 0.001$
反方依据/依据之比	0.11	0.59	0.07	0.52	0.62　$p = 0.538$
论证结构深度	1.78	0.55	2.27	0.45	3.63*** $p = 0.000$
内嵌结构数量	2.34	1.35	2.83	0.65	2.55* $p = 0.012$

*$p < 0.05$　**$p < 0.01$　***$p < 0.001$

表 4.4 显示，2005 年的高年级学生（以下简称"05 高年级"）和 2019 年高年级学生（以下简称"19 高年级"）在图尔敏成分频数上的差异，表现在反方论证的三个方面——"反方主张""反方依据""反驳"，而且均显示出非常显著的差异。"19 高年级"组在此三方面均远远高于"05 高年级"组。然而，两组在其他四个成分上却无显著差异，尽管表4.4 直观上显示，在"依据"和"理由"上，"19 高年级"组略高于"05 高年级"组。

表4.4　两组高年级作文中图尔敏成分的频数比较

图尔敏成分	05 高年级		19 高年级		Z 值
	平均值	标准差	平均值	标准差	
主张	1	0.00	0.96	0.19	1.05　$p = 0.29$
次主张	2.57	0.05	2.85	1.06	0.97　$p = 0.33$
依据	4	1.11	4.89	1.69	1.92　$p = 0.055$
理由	1.27	1.05	1.63	0.97	1.36　$p = 0.175$
反方主张	0.5	0.63	1.22	0.64	3.79*** $p = 0.000$

续表

图尔敏成分	05 高年级		19 高年级		Z 值
	平均值	标准差	平均值	标准差	
反方依据	0.27	0.58	1.41	1.60	3.64*** p = 0.000
反驳	0.07	0.25	0.67	0.68	4.02*** p = 0.000

*p < 0.05　**p < 0.01　***p < 0.001

表4.5 显示，两组高年级作文论证的复杂性方面仅在"依据长度"和"反方依据/依据之比"上呈现出显著性差异。两个组虽然在"依据"的频数上无显著性差异，但是"19 高年级"组每条依据的平均字数却明显少于"05高年级"组。其"理由"的平均字数较多，但未达到显著性程度。此外，"19 高年级"组"反方依据/依据之比"远远高于"05 高年级"组，说明其"反方依据"所占篇幅较多。

表4.5　两组高年级作文论证的复杂性比较

	05 高年级		19 高年级		Z 值
	平均值	标准差	平均值	标准差	
依据长度	36.04	14.03	26.48	9.55	2.33* p = 0.02
理由长度	20.09	17.20	26.73	14.75	1.70 p = 0.089
理由/依据之比	0.24	0.72	0.34	0.37	1.79 p = 0.074
反方依据/依据之比	0.07	0.52	0.29	0.32	3.14** p = 0.002
论证结构深度	2.27	0.45	2.41	0.50	1.12 p = 0.265
内嵌结构数量	2.83	0.65	2.81	1.08	0.45 p = 0.652

*p < 0.05　**p < 0.01　***p < 0.001

（二）访谈结果

5 位参与者一致认为好的议论文应该观点鲜明，能充分展开，有几个分论点支持，有恰当的例子，语言流畅。

5 位参与者对于"理由"（参与者称之为"分析""阐述"等）的看法也比较一致，都认为文章中应该有这个部分。例如："除了举例，还要有一些阐述""只描述例子不行啊，关键是要跳出例子本身……观点要讲清楚，很重要的""例子可以点到为止吧，要有分析，要不太简单了""针对例子一定要有分析""例子有时比较难想到，不过，可以编啊……但是分析一定要写哟"。对于为什么要写"分析"，他们认为"可以使观点展开""显得更有逻辑""有深度""可以把观点说清楚"。访谈结果说明参与者有认知上的一致性，支持了表 4.4 和表 4.5 的文本分析结果——"19 高年级"组的"理由"频数及"理由/依据之比"均较高，而且标准差很低。

对于反方论证，参与者没有完全一致的看法。4 位参与者认为反方论证是必要的，但其中只有 1 位同学提到"反驳"。例如："写反方观点，还要稍微展开一下，是议论文的标志""（除了反方观点和论据）还要有反驳，反驳其实就是论辩（argumentation）的标志""这样可以保持平衡吧，考虑全面些""雅思作文的要求是这样，还有考研作文、夏令营考试也是……老师以前也讲过"。1 位参与者认为反方论证可以不写，"把自己的观点说清楚更重要"。这种分歧也说明了为什么表 4.4 中"19 高年级"组各项的标准差较高。

五、讨论

（一）己方论证的充分性

语料库中高年级组和低年级组在图尔敏成分使用频数上的唯一差别在于，高年级作文使用"理由"的频数较多。该成分所占篇幅较多，其"理由/依据"比率较大。而且，在论证结构的深度和内嵌结构的数量上，高年级组远远超过低年级组。"19 高年级"组与"05 高年级"组之间在这些项目上则没有显著性差异。

高年级组"理由"的频数较多，且"理由/依据"的比率较大，说明高年级组注重"依据"与"主张/次主张"之间明确的逻辑联系。同时也说明"理由"与其他成分相比，可教性（teachability）和可学性（learnability）更强。论证结构有一定深度，说明高年级组对于论点的分析较细致，采用"推理链"（chain reasoning），步步深入。内嵌结构较多，意味着"次主张＋依据"的结构较多。根据图尔敏理论，"主张"在不同的语境中会变成"依据"，反之亦然。没有"依据"支持的"次主张"本身只能是支持"主张"的，却未充分展开的简单"依据"。也就是说，高年级组不是简单地罗列论据，而是用一个个论据支持分论点，从而支持论点。因此，从英语修辞的角度来看，高年级组与低年级组相比更擅长推理论证，文章的说理性较强，对己方观点的论证较为充分。从访谈中可以看出，学生们非常重视己方论证的充分性，认为好的议论文论点一定要充分展开。

高年级组的"依据长度"低于低年级组，而"19 高年级"组则低于"05 高年级"组，呈现出"05 低年级 > 05 高年级 > 19 高年级"的序列。低年级组较少采用推理论证，但花较多的篇幅用于描述"依据"，对细节和过程描写较多。例（21）中描述了住在不同地域的人如何通过网络做生意，从打广告、谈生意到签合同及运送商品都做了描述。这与张军（Zhang Jun）（2011）的研究结果一致，他分析了十年前中国学生的议论文，发现学生直接采用故事和名言典故，但很少对这些例子进行阐述和分析。低年级组注重"依据"而轻"理由"，其原因也许如克莱蒙（1998）对六年级作文的推测那样，写作者认为读者和自己一样，具有相同的背景知识和推理能力，从所描述的"依据"中可以自己推断出与"主张"或"次主张"的联系，无须赘述"理由"，更无须"支援"。这种情况不能看作写作水平的问题，而是与写作理念或论证图示有关，如"作者/读者负责型"理念的差异，强调"事实胜于雄辩"等，认为提供充足的信息来展现事实及"依据"，读者就可以轻松地推断出结论。这种写作理念是否在汉语中更加强大，从而影响英语学习者的写作，本研究无法做出推断，还需做进一步的实证研究（见第七节实证研究二）。访谈中现今的学生们强调"观点要讲清楚"，要使"观点展开"等，均反映了作者负责型的写作理念。

例（21）*In this way, people who live quite far or even on each side of the earth could do business with each other. They could put ads on Internet, talk with the buyers and sign the agreement at last. Then the great trans-porting system will bring the goods to the buyer while take money to the seller. During this process, almost everything was settled down on In-ternet.*（一年级第 6 篇）

尽管如此，写作理念和实际写作结果仍然存在差距。访谈中学生一致认为"理由"很重要，但写作中产出不够。或许是受母语文化修辞传统一定影响。正如刘瑛（*Liu Ying*）和杜倩（*Du Qian*）（2018）的研究中发现美国学生在汉语议论文写作中很少用名人事迹，尽管老师不断强调其重要性。美国学生在汉语作文中仍倾向于遵循英语修辞模式。

（二）反方论证的说服力

沃尔夫等人（2009）认为只站在自己立场上而不考虑其他不同观点是论证中的缺陷，会削弱文章的说服力。仅提及反方观点和反方依据也于事无补，只有对反方观点加以反驳才能有效地说服读者。

"05 低年级"组和"05 高年级"组均很少使用反方论证。研究结果与程菲文和陈越淼（2009）以及秦菁菁和卡拉巴卡克（2010）一致。然而，"19 高年级"组在反方论证三方面的频数均远远高于"05 高年级"组，在"反方依据/依据之比"上也高于"05 高年级"组。刘辅兰和斯泰普尔顿（2004）认为，议论文缺少反方论证是与写作要求和提示有关，如英语专业四、八级写作考试，给出的提纲中没有反方观点。然而该观点却无法解释本研究结果，因为本研究语料中的写作提示明确指出了反方观点。那么，为什么语料库中高年级组和低年级组在反方论证上没有差异，而"05 高年级"组和"19 高年级"组却有显著性差异呢？

沃尔夫和布里特（2008）认为，写作中的任务要求、读者期待以及写作目标三个因素对图示的激活有决定作用，因此三因素若不同，写作者的图示也有所不同。汉语文化背景中的英语学习者，其论证图示和英语本族语者并不完全相同。就图示激活的三因素而言，语料库中高年级组和低年级组有相同的任务要求，其读者均为15年前的英语老师，写作目标均为利用所学知识完成议论文，因此他们的图示应该一致。然而，"05高年级"组和"19高年级"组虽然任务要求相同，但是读者和写作目标不同。"19高年级"组的读者是15年后的英语老师，他们的写作教学理念、议论文的教学内容和要求也不同。写作目标不同，因所学的议论文写作知识不同于15年前，所以他们所要完成的议论文也有所不同。卡那嘎拉亚（*Canagarajah*，2015）认为，作者的思想和意图都受到读者信念和价值观的影响，因为写作是社会活动，而不是独立存在于真空中。读者群不同的写作理念必然影响学生，这些在访谈结果中得到了证实。大部分学生认为反方论证是必要的，是议论文的标志。这说明学生具有议论文体裁意识。他们所学的英语议论文知识，以及各类考试对议论文反方论证的要求，都有助于强化这种体裁意识，由此影响其写作目标。所以"19高年级"组所激活的图示不同于"05高年级"组。

沃尔夫和布里特（2008）提出"确认偏见"（*confirmation bias*），即人们倾向于寻找和关注对自己有利的信息，即与自己的信仰、理念、假设一致的信息，而回避与之相悖的信息。他们认为，论证图示具有文化属性，而且写作者是基于省力原则，倾向于提取认知努力最少的图示。汉语议论文写作中可能不要求反方论证，因而学生们的论证图示里没有这些内容。英语议论文论证图示内容较多，是一种有标记的、较为复杂的图示。即使英语学习者们心理表征中储存了这样的图示，在省力原则的驱动下，限时写作中提取的图示应该是较为简单的汉语图示。而且，学习者们来自不同的高校，15年前的英语写作课普遍忽视议论文中的反方论证。即使有些学习者学习并储存了带有反方论证的图示，但不具有普遍性。然而，"19高年级"组为何不如此呢？这应归功于写作教学和教育大环境。当前议论文写作教学内容不同于15年前，各类考试如雅思、托福等要求有反方论证，且参加这类考试的学生越来越多，了解此类写作要求的学生也越来越多。此外，教育大环境产生了影响，如英语教学界对于评判性思维的讨论和提倡越来越强烈。因此教育的作用是主要原因，胜过文化因素和认知因素。该结果支持了托普拉克和斯坦诺维奇（2003）以及刘辅兰和斯泰普尔顿（2014）的研究。这些研究表明，经过学习和训练后，参与者议论文中正方论据和反方论据的数量差异明显缩小，批判性思维能力明显提升。

次要原因可能与体裁和写作水平有关。高年级和低年级组的作文都是校园写作（*school writing*）这类体裁，读者不是真正辩论的对象，学生写作者也没有实战经验，所以不会考虑对手的疑问和挑战。此外，语料库中高年级和低年级组都是学习第二语言的大学生，写作水平的差距还不是非常大。虽然"19 高年级"组已经有了显著性差异，但写作水平更高的作者产出的其他体裁，结果会大不相同。如，沃尔夫和布里特（2005）的语料采用了对于真实的读者进行劝说的文章，这些文章均见诸报刊，作者是熟练的英语母语者，其中89%的文章有反方论证。

六、结论

本研究对克莱蒙（1998）以及秦菁菁和卡拉巴卡克（2010）的分析框架进行综合、修改和补充，对现在的大学生议论文和 15 年前的议论文进行比较。研究结果发现，"05 高年级"和"05 低年级"组在图尔敏成分使用频数上的唯一差别在于"理由—支援"的频数较多，所占篇幅较多。而且，在论证结构的深度和内嵌结构的数量上，两个高年级组远远超过低年级组。"15 高年级"和"19 高年级"作文都具有较强的己方论证充分性，特别是论证结构的深度和内嵌结构的数量上十分相近，深度均超过两个层次，均有两个以上的内嵌结构。

然而，15 年来"理由"所占的篇幅一直较低，推理论证能力仍需提高。也许"理由"是中国英语学习者很难跨越的鸿沟，还需在教学研究中探索合适的教学方法。另一方面，研究结果表明中国英语学习者的论证图示已发生了变化，也说明论证图示目前处于可教性阶段。如果将图尔敏模式，特别是本研究中新的框架应用于议论文写作教学中，可以强化论证图示，培养推理论证能力，从而提高文章论证的充分性和说服力。

本研究的局限性在于纵向研究中无法对 15 年前的学生进行访谈，比较两组学生的看法。将来的研究可以进行长远设计，使研究结果更加完善。研究的另一个局限性在于，仅仅推测汉语议论文写作中轻"理由"而重"依据"，且缺少反方论证，这些推测还有待证实。此外，将来可以尝试将本研究中的图尔敏模式分析框架用于写作教学中，进行教学实验研究，也可以对不同母语背景的英语学习者进行比较研究。

第七节　实证研究二

一、研究背景

克莱蒙（1998）对六年级、八年级、十年级学生以及高水平成年人的同题议论文进行了比较。结果显示，绝大多数学生能用"依据—理由—主张"基本模式组织语篇，学生们使用图尔敏成分的频数随着年级而增长，高水平成年人组能用更多的"理由""反驳""限定词"。他推测，六年级学生很少使用"理由"，不是写作水平的问题，而是写作理念的不同。写作者认为读者和自己一样，具有相同的背景知识和推理能力，从所描述的"依据"中可以自己推断出与"主张"或"次主张"的联系，无须赘述"理由"等。本章的实证研究一也发现，大学低年级组"理由"频数和长度低于高年级组，我们推测，也许是"作者/读者负责型"理念的差异。低年级学习者认为，只要提供充足的信息来展现事实及"依据"，读者就可以轻松地推断出结论。这种"事实胜于雄辩"的写作理念是否在汉语中更加强大，从而影响英语学习者的写作呢？

此外，实证研究一还发现"19 高年级"组在反方论证三方面的频数均远远高于"05 高年级"组和"05 低年级组",并指出这是教学理念改变的结果。那么,汉语写作中是否确实缺少反方论证的理念呢?

对以上问题我们无法断言,有必要对汉语语料做实证研究。因此,我们提出如下研究问题:

(1)汉语议论文和英语议论文在图尔敏成分的使用频数上是否有差异?

(2)汉语议论文和英语议论文在论证的复杂性上是否有差异?

二、语料来源

汉语和英语议论文的选择范围确定在校园作文。汉语作文为高考满分作文,英语作文为大学四年级学生作文。二者具有可比性,原因如下:

其一,二者均属于基础议论文写作,与报纸杂志上的时事评论以及期刊学术论文有截然区别。大四的学生对议论文写作的熟练程度远远高于大一、大二的学生(低年级学生主要训练记叙文和描写文,说明文训练不够,议论文则极少训练),而且他们面临专业八级考试,有写作动力。参加高考的学生同样学习了议论文写作,而且经过了几年训练,有备考经验。如果让大四学生写汉语作文,由于语言磨蚀现象他们的语料不能代表汉语议论文。

其二,两组作者年龄在 18 ~ 22 岁之间,认知能力相近;他们均为学生,社会阅历、对世事的感悟程度相近。因此在内容的产出上不会有很大差距。

其三,语言表达不会成为干扰内容产出的因素,大学英语专业四年级学生经过几年的英语写作训练,语言表达能力较强。此外,本研究不进行语言比较,只进行图尔敏成分使用的比较,涉及认知和思想,即探讨的是语篇组织层面的东西。因此,选择这样两类作文可以控制许多影响作文内容的干扰因素。

英语语料来自 27 名 211 大学英语系四年级志愿者的作文,平均年龄为21.5 岁。他们通过了专业英语四级考试,在大学阶段的写作课程中都学习并练习过议论文的修辞策略,写作课老师讲授了议论文写作中的反方论证。本研究中他们以"*Impact of Internet*"为作文话题,在 40 分钟内完成了 300 字以上的议论文。

汉语语料来自"作文网"中高考语文满分作文。参加高考的学生在高中阶段都学习并练习过汉语议论文写作。2007 年开始网上有了满分作文。自 2016 年起，试卷种类有改变，广东、山东、福建、湖北、湖南、重庆、江西、辽宁、四川、安徽等省份不再单独出题，均用全国卷。共有全国卷Ⅰ、全国卷Ⅱ、全国卷Ⅲ、北京、上海、天津、江苏、浙江八套卷子。全国卷Ⅰ适用地区有河北、河南、山西、山东、江西、安徽、湖北、湖南、广东、福建。全国卷Ⅱ适用地区有内蒙古、黑龙江、辽宁、吉林、重庆、陕西、甘肃、宁夏、青海、新疆、西藏、海南。全国卷Ⅲ适用地区有广西、四川、云南、贵州。高考语文作文试题一般为无争议的话题，作文文体也因而多为论说性文体，或散文文体，和英语对应的议论文体非常稀少。汉语作文语料选择方法如下：

第一步，确定作文话题和文体。选择有争议性的作文话题，文体为议论文。2011 年以前的作文话题均不符合这两项要求，因此自 2011 年开始选取作文。

第二步，选取作文。如果每种试卷栏会呈现多篇满分作文，先按从左到右的顺序选择左侧作文系列，再按从上到下的顺序选择第一篇作文，如果第一篇不符合要求，再选第二篇。原则上每年每套试卷最多选取三篇作文。由于高考语文作文话题大多为无争议话题，而且有些作文文体不是议论文，甚至有些试卷某些年份没有满分作文，所以符合标准的作文并不多。最终选取汉语议论文 26 篇，见表 4.6。

表 4.6　汉语作文语料来源

年份	北京	江苏	浙江	上海	全国	广东	辽宁
2019	3	1	2	1			
2018					3		
2017	1		2	3			

续表

年份	北京	江苏	浙江	上海	全国	广东	辽宁
2016		2					
2015						1	1
2014							
2013						1	
2012						2	
2011	3						

三、数据收集与分析

本研究数据收集采用图4.6的分析框架。总体论证结构包括"主张""己方论证""反方论证"。"己方论证"包括"次主张""依据""理由"。"反方论证"指"反方主张""反方依据",以及对于反方主张和依据进行的"反驳"。本研究采用图尔敏模式的思想,将"反驳"看作整体,不做进一步划分。七个成分的界定和例子见表4.1。对己方论证充分性的统计包括论证结构的深度和内嵌结构数量以及"理由"的长度与"依据"长度之比,同时对"反方依据"与"依据"的长度之比也做了统计。

与第六节"实证研究一"不同的是,没有对"理由"的长度和"依据"的长度进行比较,因为本研究的语料是两种不同的语言,英语和汉语的表达方式影响作文字数,所以图尔敏成分的字数没有可比性,但是成分所占篇幅的比率有可比性。论证的充分性与说服力各项界定如下:

①"理由/依据之比":"理由"的字数与"依据"字数的比率,说明二者在文章中的比重。

②论证结构深度:作文中"主张—依据"结构最长的结构链。统计该结构的层次数量。具体例子见例(19)和图4.10。

③内嵌结构:指总体结构下面的论证结构。本研究统计每篇作文中内嵌结构的数量。具体例子见例(19)和图4.10。

④反方论证三成分频数：包括反方主张、反方依据、反驳的频数。

⑤"反方依据/依据之比"："反方依据"的字数与"依据"字数的比率，说明二者在文章中的比重，借以衡量"反方依据"的详细程度。

数据收集由两人承担。首先，两位编码员研读并熟悉各项定义，浏览所有作文。然后，分别对三篇汉语和英语作文的图尔敏成分进行鉴别，旨在对定义和数据的收集标准达到认识上的统一。之后分别鉴别和统计所有的作文。最后，对不一致的地方进行讨论商榷，直到达成一致。两个编码员在图尔敏各成分的一致性如下：主张 100%，次主张 92%，依据 90%，理由 75%，反方主张 90%，反方依据 86%，反驳 99%。

数据检验采用曼—惠特尼检验（2 个独立样本），用于比较汉语和英语作文组间的差异。

四、研究结果

表 4.7　汉语和英语作文中图尔敏成分的频数比较

图尔敏成分	汉语作文		英语作文		Z 值
	平均值	标准差	平均值	标准差	
主张	1	0	0.96	0.19	0.98　p = 0.334
次主张	2.31	1.83	2.85	1.06	1.33　p = 0.181
依据	5.12	2.36	4.89	1.69	0.04　p = 0.973
理由—支援	2.50	1.58	1.63	0.97	2.27　p = 0.021*
反方主张	0.85	1.01	1.22	0.64	2.31　p = 0.023*
反方依据	0.65	1.20	1.41	1.60	2.32　p = 0.020*
反驳	0.81	0.94	0.67	0.68	0.26　p = 0.792

*p < 0.05　　**p < 0.01　　***p < 0.001

表 4.7 显示，汉语和英语作文在"主张""次主张""依据""反驳"四个成分的频数上都没有显著性差异。尽管汉语作文的"依据"和"反驳"略

高于英语作文，但不具有统计学意义。而其他三个成分，如"理由—支援""反方主张""反方依据"却呈现出显著性差异。汉语作文的"理由—支援"频数远远高于英语作文（2.50 > 1.63），然而"反方主张""反方依据"却低于英语作文（0.85 < 1.22，1.41 < 0.65）。

汉语作文较注重"理由"，如例（22）。第一句为"次主张2"。作者用了两个"依据"来支持其观点，一个是描述初见一个人与深入了解后的不同，另一个则是苏轼的诗句。两个"理由"分别是连接两个"依据"与"次主张"的桥梁，对"依据"进行解释。均为"实证性理由"，与生活经验有关。然而，汉语作文的"理由"更多的是说理，即"评价性理由"，凭自己的主观感悟对"依据"进行阐释、假设等。如例（23），"依据"只是约翰·多恩的名言，"理由"对名言进行阐释，并强调施善者把别人的不幸当成自己的不幸才能恰当地帮助别人，给人平等的印象。"理由""依据""次主张"三者紧密相连，浑然一体。

例（22）全面地看待事物会发现不同的美好世界（次主张2）。在现实生活中，我们终究是无法做到面面俱到，事事知晓，但是当我们更加全面地了解一件事物时，就会发现以前被忽视的，无与伦比的美丽（理由）。当我们初见一个人时，难免会根据一个人的外貌对一个人进行判断，在自己心中为其勾勒一个形象，往往容貌姣好之人更易获得好感，容貌一般之人可能第一次就给人留下不好的印象了。但，知人知面不知心，许多时候，随着时间的推移你发现某些人和他的表象截然不同，本来觉得是值得交往的朋友，结果可能是阴险狡诈的小人；本来是冷漠无情的过客，却发现他才是真正的会付出真心的朋友（依据2.1）。苏轼有一诗云：横看成岭侧成峰，远近高低各不同（依据2.2）。正如诗中所说，不同的角度就会有不同的发现，所以当尽可能全面地待人接物（理由）。（2018高考全国卷2：《全面

看待事物》)

例 (23) 真正的慈善家往往坚决丢下慈善这件标签，而以人类共同体的身份去行善（次主张2），如同约翰·多恩那句："人不是一个孤岛，所有人的不幸皆是我的不幸"（依据2.1）。唯有如此，行善者才能真正懂得他想帮助的对象，才能以最适当的方式给他们以乐于接受而有意义的帮助与扶持，让受助人觉得，他们是以平等的地位扶持着前进，而不是如难民领取政府施舍的粥粮（理由）。(2013 高考广东卷：《善行，我该如何安放你》)

表4.8 显示了汉语和英语作文论证的复杂性情况。汉语作文的"理由/依据之比"高于英语作文 (0.55 > 0.34)，说明"理由"所占篇幅较多。然而，其"反方依据/依据之比"和"论证结构深度"却低于英语作文 (0.21 < 0.29, 1.92 < 2.41)。两组作文在"内嵌结构数量"上没有显著性差异，尽管英语作文略高于汉语作文。

表4.8　汉语和英语作文论证的复杂性比较

复杂度	汉语作文		英语作文		Z 值
	平均值	标准差	平均值	标准差	
理由/依据之比	0.55	0.39	0.34	0.37	2.15　p = 0.030[*]
反方依据/依据之比	0.21	0.42	0.29	0.32	1.96　p = 0.049[*]
论证结构深度	1.92	0.56	2.41	0.50	2.99　p = 0.003[**]
内嵌结构数量	2.23	1.80	2.81	1.08	1.51　p = 0.131

[*] p < 0.05　　[**] p < 0.01　　[***] p < 0.001

五、讨论

研究结果显示，汉语作文的"理由"频数和"理由/依据之比"均高于英语作文，说明汉语写作者倾向于花较多笔墨在说理论证上。汉语作文的"理由"更注重说理和阐述，凭自己的主观感悟对"依据"进行阐释、假设、分析，甚至想象。这样的"理由"似乎和图尔敏的界定有所不同，但是更加切合实际的议论文写作。图尔敏的例子均属于人为杜撰的表达法，具有逻辑学意义，目的是支持其理论。实际的议论文是自然语料，且带有文化思维的痕迹。本研究的发现说明，汉语议论文写作中并不是轻"理由"重"依据"，这使我们反思本章实证研究一的结果，低年级学习者轻"理由"重"依据"并不是来自母语的写作理念。而有可能是由认知水平和写作经验决定的。可以说，这种写作理念与文化背景没有很大关系。

汉语作文和英语作文的论证结构深度有显著性差异，英语作文高于汉语作文。这个结果和第二章第六节里的"并列式段落"的研究结果一致。该研究发现，汉语段落语义清晰，而结构上简单，句子间是平行关系，而非层级关系；英语学习者的段落则多呈现为英汉"混合修辞"，结构较复杂，多为层级性。汉语语篇在修辞上的并列式关系不仅仅体现在句与句之间，在语篇各个层次上都有所体现。

两组作文的内嵌结构数量未呈现出显著性差异，即汉语作文论证结构数量和英语作文相近，且结构之间多为平行关系。这说明汉语议论文的论证充分性不是体现在结构深度上，而是体现在结构的广度上，即作者倾向于提供平行的"次主张＋依据"结构。

英语作文中"反方主张"和"反方依据"的频数，以及"反方依据/依据之比"均高于汉语作文。这是学生经过英语议论文写作训练的结果。学生们有反方论证意识，写作时顾及反方观点，并花较多的篇幅描述反方依据。莫森吉尔（*Messenger*）和泰勒（*Taylor*）（1989）认为，无论用什么方法来写作，都必须充分展开，没有什么比展开不充分更能削弱一篇文章的力量了。然而，仅仅展开己方观点仍然不够。沃尔夫等人（2009）认为只站在自己立场上而不考虑其他不同观点是论证中的缺陷，仅提及反方观点也于事无补，只有展开反方观点并加以反驳才能有效地说服读者。这些都体现了英语修辞学范式，汉语议论文似乎与此格格不入。如果以英语修辞学范式为尺度来衡量，则说明这些英语学习者善于运用所学的修辞策略来使文章更具说服力，而汉语文章写作者则缺少反方论证意识，从而使得文章说服力较弱。

然而问题是，这些汉语作文被评为高考满分作文，为中国读者推崇。难道这些作文真不如英语系大四学生的英语作文成熟？笔者认为，这仍然是写作理念问题。总之，汉语议论文的写作理念体现在重视对"理由"的阐述，而轻反方论证上。

六、结论

本研究比较了高考语文满分作文和英语专业四年级学生的英语作文，两者皆为议论文体。研究结果发现，汉语和英语作文在"主张""次主张""依据""反驳"以及内嵌结构的数量上都没有显著性差异。然而，汉语作文的"理由"频数和"理由/依据之比"均高于英语作文。且汉语作文中"反方主张"和"反方依据"的频数，以及"反方依据/依据之比"均低于英语作文，但并不能以此说明汉语作文说服力较弱，这与汉语的写作理念有关。论证结构深度低于英语作文，这与汉语语篇修辞特征有关。汉语议论文论证的充分性不是体现在结构深度上，而是平行结构数量上。因此，不同语言的写作理念和语篇修辞特征对于语篇质量的评判有很大影响。

第八节　小结

图尔敏模式被誉为当代论证理论的奠基石，是"新修辞学派"中影响深远的论证模式。本章首先介绍图尔敏论证模式的来源及图尔敏自己对其模式的改进，然后综合介绍其他学者对图尔敏模式的种种修改与补充。基于学者们对"理由"的不同理解，本章提出在实际议论文中"理由"可以表现为几种不同形式。对"理由"的类型以及表现形式进行分析，有助于写作教学和实证研究中的数据收集。图尔敏模式在第一和第二语言议论写作教学研究中的应用，主要分为教学实验研究和文本研究，在第二语言议论写作教学研究中的应用越来越多，对论证的深度和广度也越来越重视。

　　本章展现了两个实证研究，均采用自己的分析框架，即基于图尔敏模式，对现有的几个分析框架进行综合、修改和补充。实证研究一对 15 年前语料库中两组大学生作文与现在的大学生作文进行横向和纵向比较，研究己方论证的充分性（即论证的深度）和反方论证的说服力（即论证的广度）。研究结果发现，两组高年级作文都具有较强的己方论证充分性，特别是论证结构的深度和内嵌结构的数量上十分相近，深度均超过两个层次，均有两个以上的内嵌结构。这些均胜过低年级组。但是高年级组学生，尤其是现在的学生不再详细描述"依据"。此外，现在的学生在反方论证的各项指标上都远远超过15 年前的学生，能考虑到不同观点并进行反驳，其论证更有说服力。说明他们更注重读者因素。实证研究二对高考语文满分作文和英语专业四年级学生的英语作文进行了比较。汉语作文的"理由"频数和"理由/依据之比"均高于英语作文，但"反方主张"和"反方依据"的频数，以及"反方依据/依据之比"均低于英语作文。说明汉语写作中重说理阐述，轻反方论证，"事实胜于雄辩"的写作理念在汉语中并不比英语中更加强大，但英语中更加重视"雄辩"，即反方论证。此外，汉语语篇并列性修辞特征使得论证结构深度低于英语作文，但绝不意味着论证的充分性较弱。

第五章

英语母语者和英语学习者的语篇修辞关系比较

第一节　前言

有些学者认为当前中国学生和英语母语者在语篇修辞层面几乎没有差异，没有必要再进行语篇修辞方面的教学与研究，而另一些学者则持相反观点。针对这个有争议的问题，本章从修辞结构理论的视角进行研究和分析。首先介绍研究背景，然后对修辞结构理论的起源与发展进行详细阐述。之后，对语篇分析和英语议论文写作研究方面的文献进行综述和评论。本章第五节至第八节呈现了一项实证研究，对中国英语学习者和美国英语母语者的 100 篇议论文语料进行比较。从命题间修辞关系的视角来考察英语学习者和英语母语者语篇修辞关系的特点。

第二节　研究背景

几十年来，英语教学研究从不同方面发现了中国英语学习者的语篇与英语修辞范式存在差距（李克，王湘云，2016；齐放，2011；吴婧，2003）。英语学习者和母语者的写作差异反映了作者不同的写作修辞偏好。虽然修辞偏好无优劣之分，但普遍认为二语写作会受到学习者母语修辞偏好的负迁移影响，详见珂纳（2011）、肖忠华和曹雁（2014）。

然而近几年，随着国际学术界对于开普兰（1966）对比修辞学的批判，越来越多的学者淡化英汉修辞的差异（朗·司考伦，苏珊·司考伦，2000；施玲，2002），甚至有些学者认为当前中国学生和英语母语者在语篇修辞层面几乎没有差异，没有必要再研究修辞方面的教学。因此，深入探讨中国英语学习者和母语者英语议论文语篇的修辞结构异同，对于当前的英语写作教学与研究具有重要的现实意义和价值。

综观相关研究，鲜有研究者从"修辞结构理论"的视角来比较中国英语学习者和英语母语者语篇的修辞结构特点，尤其是进行实证对比研究。本文选用中国英语学习者和美国英语母语者英语议论文语料库中的影视评论语篇各50篇，进行修辞关系的鉴别和统计，比较两组学生的异同。从而探讨中国学生的英语写作和英语母语者是否有显著性差异。

第三节 修辞结构理论

一、曼和汤普孙的修辞结构理论

"修辞结构理论"是 20 世纪 80 年代由曼（*Mann*）和汤普孙（*Thompson*）（1987，1988）创立的。修辞结构理论的基本概念是"修辞关系"和"语篇块"。"语篇关系"指两个非重叠的语篇基本单位之间的关系，分为核心—卫星关系（*Nuclei – satellite*）和多核心关系（*Multinuclear*）两大类。曼和汤普孙（1987，1988）提出了 24 种修辞关系，包括 21 种核心—卫星关系和 3 种多核心关系，并对每一种修辞关系进行了界定。对修辞关系的定义包括两个部分：限制条件和效果。以"事实（*evidence*）"关系为例（曼等，1992）：

限制条件：

a. 对核心的限制：读者在某种程度上不相信核心内容，而作者却对之满意

b. 对卫星的限制：读者相信卫星内容或者会发现它可信

c. 对核心和卫星的限制：读者理解卫星内容会增强核心内容的可信度

效果：

a. 读者增强了对核心内容的信任度

b. 产生效果的位置：核心

修辞结构理论的主要内容是，语篇的每个单位都是通过修辞关系而相互关联，且具有层级性。曼等人（1992）还区分了从属关系（*hypotaxis*）和内嵌关系（*embedding*）。内嵌关系包括限制性关系从句、主语从句、宾语从句、形容词补语从句。这些从句不能看成卫星结构，而是核心的一部分。从属关系指状语从句，可以看成卫星结构，围绕其核心——主句。

修辞结构理论既可以用来分析日常话语，也可以分析书面语篇。例（1）是微信群里的话语，第一句是第二句的背景，是"卫星"。第二句是话语的中心，是"核心"。这两个语篇块之间是"核心—卫星"关系，可以用图 5.1 表示。

例（1）*I am having my car repaired in the 4S store at the front gate of our main campus this Thursday 19th. （A）Would anyone be able to bring me to the south campus from there in the morning please?（B）*

Background

A
I am having my car
repaired in the 4S store at
the front gate of our main
campus this Thursday 19th

B
Would anyone be able to
bring me to the south campus
from there in the morning
please?

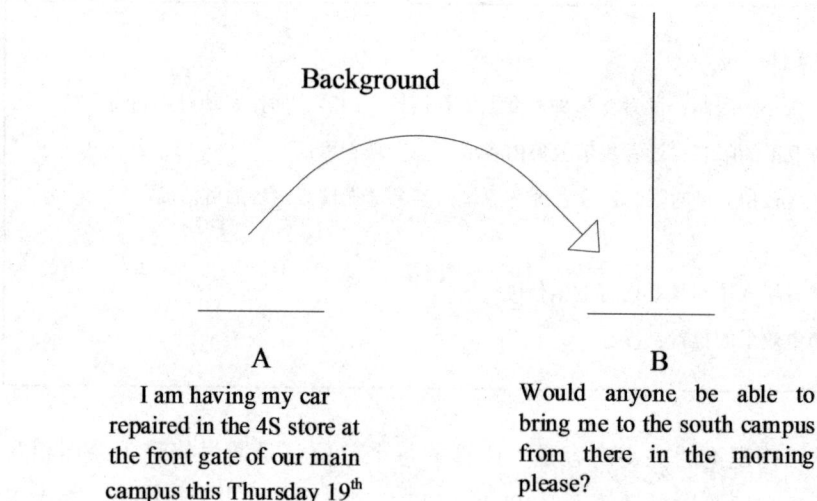

图 5.1 例（1）的修辞关系图

二、福克斯对理论的深化及近年来的发展

福克斯（*Fox*）（1987）对修辞结构理论进行了深化，并应用于回指研究。福克斯认为，语篇结构之所以具有修辞性，是因为语篇作者往往根据自己的写作目的以及对于读者和主题的主观判断，来选择组建语篇的语言材料（如句型、词语）。因此不同类型的语篇，其修辞关系的类别和数目是不一样的。

福克斯（1987）强调语篇的层级性，认为最小的语篇单位是命题。基于曼等人（1992）对从属关系和内嵌关系的划分，福克斯（1987）认为状语从句单独产生命题，可以作为独立的语篇单位。而关系从句、主语从句、宾语从句、形容词补语从句却不能单独产生命题，因此不能看成独立的语篇单位。命题之间通过修辞关系的连接而构成修辞结构（*R - structure*），每种修辞结构又包含几种修辞关系。在所有结构中，事件结构是最重要的修辞结构，包括例证、详述、背景等修辞关系。

福克斯还把命题分为活跃（*active*）与控制（*controlling*）。能导致新命题产出的命题为活跃命题，否则为控制命题。如果一个修辞结构中有三个命题，现在正在产出第三个命题，那么第二个命题是活跃命题，第一个命题则是控制命题。福克斯认为，如果在活跃或控制命题中提及过某人，那么在正产出的命题中用代词来回指。福克斯还研究了"语篇突返（return pop）"现象，即在"核心—卫星—卫星—卫星"结构中，最后一个卫星命题越过前面的卫星命题，直接与核心命题相联系。这些思想极大地促进了回指研究。

修辞结构理论最早的应用领域是计算机自然语言加工，因此计算语言学领域的相关研究十分丰富，为近年来修辞结构理论广泛发展奠定了基础。该领域的研究主要集中在文本归纳、语法分析、文本概括、论据评估、机器翻译以及文章评分，如托波达（Taboada）和曼（Mann）（2006）。近年来修辞结构理论的研究出现了自动化趋势。特别是欧多奈尔（O'Donnell）（1997）设计的专业分析工具 RSTtool 和卡拉汉（Karahan）（2015）设计的 RST Tool 2.4，可以用来建立 RST 树形图。包括四个界面：语篇切分、语篇结构图、修辞关系编辑，以及修辞关系统计。然而，标注工具还不能自动鉴别修辞关系，该分析工具只能画树形图和统计频数。总之，目前还不能把 RST 用于自动生成语篇的操作，修辞关系的鉴别还只能依靠人工。但是将来可能向这个方向发展，使 RST 有进一步发展和应用。

第四节 基于修辞结构理论的应用研究

一、语篇分析研究

许多研究将修辞结构理论应用于分析各类语篇。班伟尔（Benwell）（1999）运用修辞结构理论分析了物理和文学课堂的口头语篇，旨在解释互动行为。研究结果发现，两种口头语篇的修辞结构存在差异，物理语篇采用嵌入模式，而英语文学则采用协调一致的语篇模式。这反映了不同学科的知识结构差异使得语篇修辞结构也不同。汝宾（Rubin）等人（2012）探讨了杜撰的故事和真实故事在修辞结构及连贯性方面的差别。研究结果证明了修辞结构理论在故事真实性探测中的有效性，因为修辞结构理论可以发现故事内在的连贯性，并为每个故事构建出层级结构。瑞姆罗特（*Rimrott*）（2007）用 *RST* 理论对研究型论文摘要进行了修辞结构分析，并指出期刊论文摘要有两种通用结构：阐述结构、背景—其他结构。此外，他还探究了论文摘要中的修辞结构与所要表达的内容之间的紧密联系。

国内许多学者先后对该理论做了详细介绍，如王伟（1994）、刘东虹（2009）等。也有很多学者就该理论在各种语篇中的应用做了研究，例如叙述性与描写性语篇（孔庆蓓，2008）、演讲类语篇（陈纯瑛，2013）、商务语篇（王立非，部寒，2016）、官方媒体报道（樊小玲，2013）、论文摘要（穆从军，2016）。孔庆蓓（2008）比较了叙述语篇和描写语篇所用的修辞关系数量、种类、分布层次，构成核心句的结构关系，核心句出现规律及核心结构模式等，并拟构出了两种语篇的修辞结构模型。陈纯瑛（2013）比较了莫言获奖演说中英文版本的语篇差异，发现由于两次演说的情景语境不同，英文译者为了适应读者，通过名词化和内嵌式结构等方式，减少小句数量来减少卫星结构，以此来突出"核心—核心"的修辞关系，从而使语篇的主旨更加突出。樊小玲（2013）对 *H7N9* 与 *SARS* 时期官方媒体报道进行了修辞关系的比较分析，发现了新闻报道的变化，认为重大危机中有利于国家形象建立的因素有三个：正确的核心话语的确立，支持性话语的具体化及准确化，以及支持性话语中话语标记语作用的发挥。王立非和部寒（2016）以及穆从军（2016）对修辞关系进行了统计比较。王立非和部寒（2016）对比分析了中美银行年报 *CEO* 致辞语篇，认为汉语语篇较多地使用详述、并列、意愿性结果关系，英语语篇较多地使用对照、让步、评价关系。各指标披露的语篇结构关系方面，两类语篇也存在较大差异：在公司外部环境指标中，汉语语篇使用了环境和并列关系，而英语语篇使用了让步关系。该研究在企业对外传播和商务英语教学方面有一定的启示作用。穆从军（2016）用修辞结构理论比较了英汉语言学论文摘要，发现两类语篇都较多地使用准备关系、详述关系、结合关系、背景关系和解释关系，但都较少地使用动机关系和让步关系。而且，英语论文摘要偏好使用对照关系、证据关系、解释关系、目的关系、方式关系和结果关系等，而汉语论文摘要偏好使用评价关系和详述关系。作者认为这种偏好差异反映了不同民族的思维方式、哲学认知观和读者期待差异。该研究对于学术英语写作教学，以及中国论文作者撰写高质量的英语论文摘要具有重要的启示。

二、英语写作研究

目前，基于修辞结构理论，对英语学习者写作中的语篇修辞关系进行分析的研究相对较少。拉姆塞（*Ramsay*）（2000）分析了三篇文章中最主要的修辞结构，其中两篇是中国人的，一篇是澳大利亚人的。分析结果表明"证据关系""让步关系""对比关系"均是三篇文章最主要的修辞关系。格林（*Green*）（2010）将修辞结构理论运用于议论文语篇的论证部分，运用该理论框架来分析论证成分的修辞关系。斯科法基（*Skoufaki*）（2009）做了探索性研究，利用修辞结构理论和自动评价软件检测学生作文中的连贯性问题和关联词错误，语料为母语为汉语的、中低语言水平的英语学习者的短文，从而培养学生的批判性思维能力。但是，这项研究严格说来属于计算语言学领域。

然而只有极少数研究对英语学习者的语篇进行修辞关系的统计。如刘东虹和陈燕（2015）、闫博和张义（2015）、王月旻和吴红云（2018）。刘东虹和陈燕（2015）研究了英语学习者的段落主题句和第一承题句之间的修辞关系，发现用得最多的是联合关系，其次为解释关系。闫博和张义（2015）比较了英美学生和中国大学生的作文，发现联合关系是在中国大学生作文中出现频率最高的修辞关系，而英美学生则偏好使用详述和让步关系。王月旻和吴红云（2018）比较了高级英语学习者的非限时作文和定题演讲稿中的32种修辞关系，发现文本类型知识和表达目的对其修辞策略选择有影响，因而不同体裁的修辞关系种类及频数有差异，如解释和总结两种修辞关系更多地出现在非限时作文中，而定题演讲稿比非限时作文更多地使用背景和准备两种修辞关系。

上述语篇分析和英语写作方面的诸研究，在英语和汉语语篇修辞关系使用方面的结果并不完全一致，可能由于语篇类型不同，且组篇方式也不同，从而影响修辞关系的使用。相同的发现是，汉语语篇常用"详述"，英语语篇常用"对照"关系。两项英语学习者议论文的实证研究也有共同的发现，即中国学生倾向于使用"联合"关系。但是刘东虹和陈燕（2015）由于研究的侧重点不同，仅分析了主题句和第一承题句之间的关系，未统计全文或者段落内部的句间修辞关系。闫博和张义（2015）的研究中仅分析了 5 篇中国学生和 5 篇英美学生的作文，样本量太少。王月旻和吴红云（2018）虽然对 40 篇文本中的 32 种修辞关系进行了统计，但是并未对 *Mann* 和 *Thompson* 的模糊定义进行处理，所以作者如何采用定量研究鉴别各种界限模糊的修辞关系，如何收集数据均不得而知。而且其数据检验所采用的配对 *t* 检验并不能用于组间比较。以上研究的不足都会促使新的研究产生，并且力图更加完善。

因此，本研究基于修辞结构理论，以美国大学生（英语母语者）英语议论文语料库作为参照，分析中国大学生英语议论文句间修辞关系，并且比较其异同。

第五节　研究方法

一、研究问题

福克斯（1987）认为，语篇的修辞性体现在修辞关系的类别和数量上。本研究中的语料均为电影评论，体裁相同，而作者的语言文化背景不同。那么中国英语学习者和英语母语者所产出的语篇是否具有相同的修辞性？具体而言，表现在修辞关系上，其类别和频数是否一致？

本研究具体回答以下问题：

（1）英语学习者和英语母语者高频和低频修辞关系是否有一致性倾向？

（2）英语学习者和英语母语者议论文修辞关系的频数是否有显著性差异？

二、研究语料

鉴于语料选择要有可比性、学科性和体裁性特点，研究语料来源于中美大学生同题电影评论。两类语料库作者均为大学生，年龄及认知能力相近。由于本研究的目标是对英语母语者和英语学习者进行语篇修辞比较，因此所选择的中国学生属于高水平学习者，而且研究中不考量语法等方面。王月旻和吴红云（2018）的研究设计为本研究的可行性提供了支持。其研究中参与比较的两组语料为网络上大学生的演讲稿和在校研究生的作文，两组学生无法进行语言水平一致性的检验，因而均看作高水平学习者。这说明语言水平的差异在语料库语篇研究中可以忽略。

本研究语料均为英语母语语料，选自"跨洋互动"平台上第 17、19 和 22 轮（网址为：*http：//www.l2china.com/exchange/stage*17；*http：//www.l2china.com/exchange/stage*19；*http：//www.l2china.com/exchange/stage*22）。我们删除篇幅过短或过长的作文，选用 500 至 900 字数的作文。这样保持中美语料同质。中国学习者英语议论文语料库（*Chinese Learner Corpus of English Argumentative Essay*，简称 *CLCEAE*）选自广东外语外贸大学英语系学生作文，共 50 篇 32547 词。美国母语者英语议论文语料库（*American Corpus of Native English Argumentative Essay*，简称 *ACNEAE*）选自美国宾夕法尼亚州立大学英语系学生作文，共 50 篇 30190 词，该库用作观察语料库。

三、数据收集

研究采用人工进行标注和数据统计。我们认为没有必要采用欧多奈尔研制的修辞关系标注软件，因为该软件只能用于画树形图，无法确定修辞关系。穆从军（2017）、樊小玲（2013）等虽然都借助于该软件进行研究，但是该软件并不具备识别修辞关系的功能。社会科学和人文科学研究中语料库软件其实无法替代人脑。因此，我们采用的研究方法是基于"扎根理论"的混合研究法。

　　我们将数据收集分为三步。首先将文本切分成基本语篇单位，然后确定修辞关系，最终统计各种修辞关系的频数。目前研究者们对基本语篇单位的界定各不相同。我们根据福克斯（1987）以及 *Asher*（1994）的观点，以命题为基本语篇单位，即以句子为基本语篇单位。仅状语从句单独看作一个命题，而关系从句、主语从句、宾语从句等不作为单独的命题。

　　修辞关系的确定是本研究的难点。曼和汤普孙所提出的修辞关系繁杂众多，给出的定义笼统概括。而且许多关系之间界限模糊，难以区分。根据本研究语料的具体情况，即初步收集数据时所发现的修辞关系使用情况，我们将修辞关系合并简化为 24 种，以便于在进一步收集数据时更加便利、客观、准确地进行操作。如"详述一般""详述整体—部分""详述具体""详述附加""证据"合并为"详述"关系。这几类"详述"均意味着卫星语段为核心语段提供更多、更翔实的信息作为支持。若进行语篇分析，人为的典型例子会使它们有所区别。然而在语料库数据收集中，自然发生类语料却很难鉴别，从而影响研究结果的可信度。考虑到实际操作情况，为了更加客观准确地收集数据，我们决定合并为"详述"。此外，出于同样的原因，我们将"非意愿原因""非意愿结果""意愿原因""意愿结果"合并为"因果"关系，将多核关系中的"对比""类比""比较"合并为"比较"。

　　本研究中核心—卫星关系 19 种，多核心关系 5 种。前者包括"详述""评论""因果""对照""例证""证据""背景""总结""动机""解答""结论""假设""话题转换""重述""让步""修辞问句""定义""目的""方式"。后者包括"比较""联合""平行""序列""罗列"。

　　为了增强标注的可信度，熟悉修辞结构理论的两位标注者首先对 3 篇作文进行标注，就标注结果不一致的地方反复协商，直到达成一致意见。然后分别对所有语料进行标注。两位标注者之间的 *Kappa* 系数为 0.71。最后再对不一致的地方进行讨论，确定最终数据。将学习者和母语者语篇修辞关系频数输入 *SPSS* 软件，进行曼—惠特尼检验，用以比较差异性。

第六节　研究结果

表 5.1 显示，两类语料并没有同时涉及 24 种关系。中国学生语料未涉及"方式"关系，美国学生未涉及"结论""平行""罗列"关系。表 5.1 中的比率指具体修辞关系的频数在总频数中所占的百分比。中国学生所使用的修辞关系总频数为 1435，使用了 23 种关系，频率在 1% 以上的有 15 种。美国学生的总频数为 1161，使用了 20 种关系，频率在 1% 以上的有 13 种。总体看来，中国学生在修辞关系种类和总频数上高于美国学生，二者在总频数上有显著性差异，说明中国学生的修辞关系更为丰富。

表 5.1　中美作文修辞关系统计表

序号	修辞关系		中国学生频数/比率%	美国学生频数/比率%	Z 值
1		详述	256/17.84	285/24.57	1.460
2		评论	151/10.52	51/4.40	7.936***
3		因果	170/11.85	104/8.97	3.654***
4		对照	71/4.95	32/2.78	3.017***
5		例证	82/5.71	69/5.95	0.828
6		证据	11/0.77	12/1.03	0.236
7		总结	15/1.05	39/3.36	4.791***
8		动机	23/1.60	1/0.09	4.963***
9	单核关系	解答	32/2.23	9/0.78	3.965***
10		结论	41/2.89	0/0	6.570***
11		背景	82/5.7	80/6.89	0.220
12		假设	10/0.7	4/0.34	1.272
13		话题转换	5/0.35	0/0	2.031*
14		重述	24/1.67	15/1.29	1.186
15		让步	30/2.09	22/1.90	1.464
16		修辞问句	4/0.28	1/0.09	1.370
17		定义	1/0.07	1/0.09	0.000
18		目的	1/0.07	3/0.26	1.036
19		方式	0/0	1/0.09	1.000

续表

序号	修辞关系		中国学生频数/比率%	美国学生频数/比率%	Z 值
1	多核关系	比较	129/8.99	160/13.71	2.050*
2		联合	258/17.78	244/21.04	0.470
3		序列	32/2.23	28/2.41	0.123
4		平行	5/0.35	0/0	2.283*
5		罗列	2/0.14	0/0	1.421
共计			1435/100	1161/100	5.267***

注：*$p \leqslant 0.05$，**$p \leqslant 0.01$，***$p \leqslant 0.001$

　　修辞关系百分比柱形图见图 5.2。如图所示，10%以上的频率在本研究中可看作高频率。中国学生的使用频率在 10%以上的修辞关系为"详述""联合""因果""评论"，美国学生为"详述""联合""比较"。具体看来，两类语料使用频数最高的均为"详述"和"联合"关系，且无显著差异。

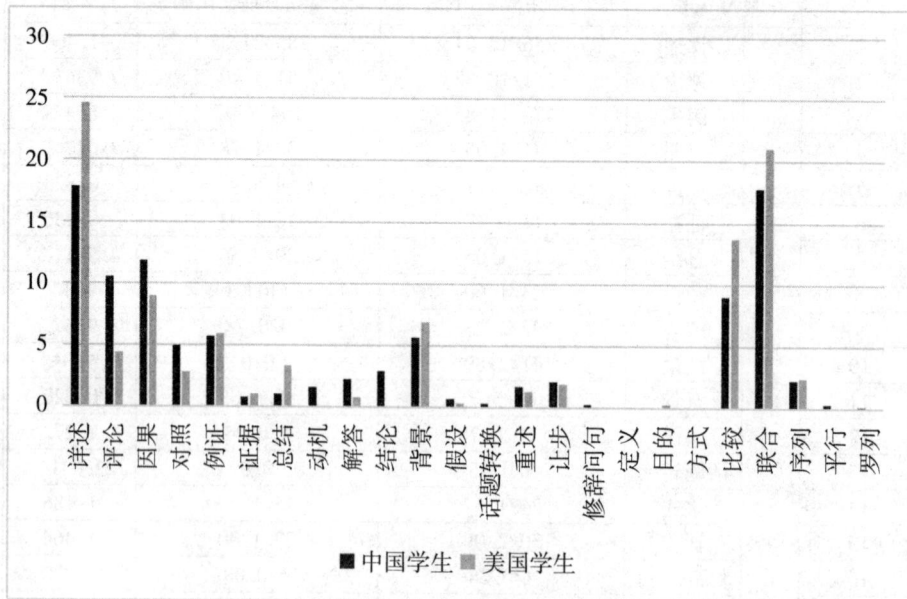

图 5.2　中美作文修辞关系柱形图

此外，两类语料都较少使用"假设""修辞问句""目的""方式""定义""罗列"关系。然而他们在5种修辞关系的使用频数上相近，即"例证""背景""重述""让步""序列"。中美学生在上述修辞关系的多寡上具有一致性。这也许是体裁和写作目的决定的。

但是两组语料在11种修辞关系频数上存在显著性差异。其中，中国学生在"评论""因果""对照""动机""解答""话题转换""结论""平行"这8种修辞关系上的频数明显高于美国学生。而在"总结"和"比较"两种修辞关系上却远远低于美国学生。

第七节 讨论与结论

一、修辞关系的文体属性

以前有研究发现，中国学生写作中偏爱笼统表达，缺少细节支持（珂纳，2002；齐放，2011；吴婧，2003；苏利文等，2012）。然而本研究却有不同发现。中国学生的"详述"关系使用频数很高，虽然低于美国学生，但未达到显著性程度。而且"例证"和"证据"这类表示细节支持的修辞关系，也没有显著性差别。这是否说明中国学生在英语议论文写作上确实有了很大变化，呈现出向英语修辞范式靠近的趋势？文本长度可以反映语篇内容的丰富性，本研究中两类语料的文本长度相近，而且中国学生文本略长。这些参与跨洋互动的学生可以看作英语高水平者，他们在跨洋互动以及其他教学活动的干预下，写作修辞模式会向英语本族语者靠近。所以，即使他们的作文呈现出和英语母语者一致的倾向性，也并不能以此概括中国各种语言水平的英语学习者。再者，"详述"关系在其他研究中均发现是汉语语篇的特色（王立非，部寒，2016；穆从军，2016），因此中国学生大量使用"详述"关系，既有可能是修辞迁移，也有可能是高水平语篇写作者的共性——因表达丰富的思想而使得"详述"关系增多。总之，即使中美学生语篇中最常用的修辞关系相同，我们也无法得出结论——中国学生与英语母语者在语篇修辞上不再呈现显著性差异。

此外，有研究表明，中国学生倾向于使用"联合"关系（刘东虹，陈燕，2015；闫博，张义，2013）。而本研究发现"联合"关系在美国学生的作文中也很受青睐。"联合"关系也许不是中国学生所独有的，而是所有语篇发展的主要修辞关系，具有普遍性，用于语义的层层推进。此外，本研究语料为影评，这种特定的体裁要求对电影的人物、情节等进行介绍和叙述，并表达自己的看法，因此涉及的话题及次话题较多。但处于同一层级的话题之间的关系多为"联合"（Asher，1993）。如果以"标记性"和"无标记性"来划分修辞关系，"详述"和"联合"也许可以看作影评语篇中的无标记性修辞关系，具有文体属性。

二、汉语修辞特征的影响

影评体裁要求评论，理论上讲"评论"关系一定非常多。然而"评论"关系在两组语料中均非最高频率。尽管如此，中国学生"评论"的频率远远超过美国学生（10.52%＞4.40%）。似乎中国学生更爱评论，比美国学生更加大胆直接。那么，我们一向认为美国学生更加直接地表达观点（开普兰，1966；珂纳，2011），难道是误解？中国学生又是如何"直接地"表达评论呢？

例（2）[（1）*But at the end when there is finally a quota for certification，they all voluntarily give it up to the youngest and most qualified teacher.*]
[（2）*What deeply touched me is what one of the teachers confesses，"It's enough to do something good in your life. Anything else is meaningless." How many of us can behave like them—being selfless and satisfied with having contributions to the society?*]

例（2）中，语段（1）是卫星语段，讲述了《凤凰琴》中老师都自愿把转正名额让给最年轻、最能干的老师。语段（2）是核心语段，作者评论了老师的行为，使用了评价性词语"*touch*""*selfless*""*satisfy*"，采用了 *what* 引导的强调句型，以及修辞问句"*how many . . . ?*"这些手法表达的语义的确非常直接，而且充满激情，诉诸情感，以情动人。但因此而显得主观。现代英语写作并不鼓励诉诸情感，而是提倡简洁、直白，注重逻辑、事实和细节（克劳利，豪希，2004）。现代英语的这种写作模式使得文章显得客观、理性。本文无意讨论客观理性是否胜过主观激情，而是想展示中美学生写作中存在的差异。该研究结果说明中国学生英语写作中的特征仍然带有汉语修辞特征。此外，中国学生的修辞关系频数和种类高于美国学生，说明语篇中语义关系和结构较为复杂（托波达，曼，2006）。该结果进一步证明了汉语修辞对英语语篇的影响。现代英语语篇崇尚简洁、明了，语篇结构简单。而汉语思维的互系性特征使得语篇结构和语义关系较为复杂（毛履明，2006）。

除了诉诸情感以外，中美学生在"动机""解答""话题转换""平行"等修辞关系频数上的差异，也体现了英汉不同的修辞特征。本研究语料中的"动机"关系一般表现为通过表述建议、邀请、呼吁来劝告读者采取一定行动。中国学生较多使用"动机"关系，因为作文结尾爱用呼吁、建议等。美国学生则几乎不用。出现在文中的话题转换是呼吁的另一种形式，如"*Now let's turn our attention onto the other film*"。汉语修辞的其他特征还有设问、排比，体现在中国学生的作文中便是"解答"和"平行"关系。

三、写作教学的影响

本研究发现，美国学生慎用结论性的词语，偏爱使用概括提炼的"总结"关系。例（3）中，卫星语段（1）是主体部分，详细比较了中美电影的异同点；语段（2）是结尾部分，为核心语段，总结了主体部分的内容。因此，构成了"总结"关系。

例（3）［（1）*The movie Erin Brockovich is based on a true story of a single mother of three who struggles to make ends meet...*］［（2）*In all, the two movies watched for the border crossing activity reflected strong - willed women who took different approaches to seeking justice.*］

　　而中国学生则较多使用结论性的词语，因文中缺少严密的逻辑推理，表达上显得较为武断。我们不敢妄加推测这也是汉语修辞特征，但可以推测可能是写作教学中提供的语块或写作模块所致，如议论文最后一段常出现"*draw a conclusion*""*come to a conclusion*"。此外，中国学生的"对照"频数远远高于美国学生，但"比较"关系频数却较低。"对照"是"核心—卫星"关系，而"比较"是"核心—核心"关系。美国学生作文侧重句子层面的语篇结构，常采用"核心—核心"结构的"比较关系"。可以看出中国学生多用状语从句表示相反的语义，如 *while, whereas, meanwhile* 等。我们推测，这些也许与英语写作常用句型的记忆有关。

　　写作教学的影响不仅会强化某些句型、短语的使用，而且还有其他间接的影响。本研究发现中国学生还倾向于使用"因果"关系，频数远远超过美国学生。这不是汉语思维的特点，因为汉语思维的中的关联性思维和模糊思维均与此无关。我们推测，也许是写作教学中过分强调逻辑联系，而致使学生过度使用"因果"关系。桑德斯（*Sanders*）（2005）的"默认因果关系假设"认为，当读者面临两个连续的句子时，会首先假定为因果关系，以便于建立信息量最大的心理表征。在写作中也是如此，阿斯（*Asr*）和丹伯格（*Demberg*）（2012）的研究发现，绝大多数被试在续写无连接词的单个句子时，倾向于写原因或结果。因此，我们推测，正因为老师强调写作中的逻辑联系，学生在没有明确的修辞关系可选时，便会首选"因果"关系。

四、结论

本研究调查比较了英语学习者和母语者议论文的语篇修辞关系，发现中美学生在议论文修辞关系类型和使用频率上有一些相似之处，都大量使用"详述"与"联合"关系来构建语篇，使语义层层推进。中美学生均很少使用"假设""修辞问句""目的""方式""定义""罗列"关系。然而，本研究发现了更多显著性差异。与美国学生相比，中国学生较多地使用"评论"和"结论"关系，采用"动机"关系表达呼吁，更多地诉诸情感。他们还倾向于使用"动机""话题转换""平行"等汉语修辞特征。同时英语写作教学的影响可见一斑，不仅会强化某些句型、短语的使用，而且会使学生过度使用某些修辞关系。由此得出结论，当前中国学生和英语母语者在语篇修辞层面仍然存在差异，不能放弃语篇修辞方面的教学与研究。

第八节　小结

修辞结构理论自 20 世纪 80 年代由曼和汤普孙提出后，不断被语言学家们修补、完善，使其逐渐具有更强的解释力，并应用于更广的领域。目前该理论在应用语言学的二语写作领域逐渐受到重视，陆续出现了一些相关研究。但这些研究还不是十分成熟，还需要进一步设计完善。本章的实证研究选用了中国英语学习者和美国英语母语者议论文语料库中的影视评论语篇 100 篇，从命题间修辞关系的视角考察英语学习者和英语母语者语篇修辞关系的特点。研究发现，两组学生均大量使用"详述"和"联合"关系来发展语篇。但是仍然在许多方面存在显著性差异，如，中国学生在修辞关系总频数上超过美国学生；中国学生偏爱使用"评论""因果""对照""动机"等关系，而美国学生偏爱使用"比较"和"总结"关系。

　　研究结果对英语写作教学与研究具有重要启示。首先，鉴于当前中国学生的英语写作和英语母语者的语篇仍然存在显著差异，我们认为进行修辞方面的教学与研究仍然十分必要。其次，由于本研究正是通过文本分析发现了中美学生语篇存在的显著差异，所以对于写作成品的研究仍然是写作研究领域不可偏废的重要方面，二语写作研究的百花齐放有利于学术界的生态平衡。

第六章

修辞结构理论视角下英语学习者段落承题方式研究

第一节　前言

英语段落主题句具有概括和预示下文的作用。伊顿（*Eden*）和米歇尔（*Mitchell*）（1986）认为，英语阅读者首先注意段落第一句或前两句，并寻求对下文的预示和指引，对承题句有所期待，尤其是第一承题句能支持主题句的思想。但是雷德（1996）、艾里森等（1999）指出，如果接下来的承题句与预示不符，读者会感到困惑，停下来重新阅读前面的句子，从而影响阅读兴趣和效率。因此，第一承题句与主题句一样，对于段落一致性和连贯性具有非常重要的作用。然而，英语写作教学中一直强调主题句的写作规范，而对承题句的写作有所忽视，导致英语学习者的段落承题句不能完全支持主题句。雷德认为第一承题句间接承题是主要原因，这种间接方式使得承题句脱离了主题句的题旨（*controlling idea*），且影响下文与主题句保持一致（*unity*）和连贯（*coherence*）。

本研究对于 220 个段落的承题方式以及主题句与第一承题句之间的修辞关系进行了分析，旨在考察英语学习者的承题方式，以及第一承题句与主题句之间常采用哪些修辞关系。修辞关系的鉴别采用"修辞结构理论"所提出的概念，并进行进一步界定。总体来看，直接承题的段落多于间接承题；与自由段落写作相比，学习者在段落续写中英语修辞意识较强；对于段落续写中较容易发挥的普遍话题，则较多地采用间接类的修辞关系。基于研究结果我们探讨了原因，以期对写作教学有所启示。

第二节　相关研究

一、段落的直接与间接修辞模式

苏利文等人（2012）认为，英语写作中注重逻辑思维和评判性思维。逻辑思维在写作中的最明显表现是直线型修辞模式。蒙诺—卡萨斯（2008）概括了直线型语篇的修辞特征，其中提到段落一致性，即段落中承题句对主题句的题旨进行阐述；使用语义具体的词语等。麦卡锡（*McCarthy*）（1994）发现，英语段落通常只有一个主题，段落中次主题若笔墨稍多，则视为走题。范库珀维尔特（*Van Kuppevelt*）（1995）认为，英语段落的展开主要是回答"为什么""怎么样"的问题，即主题句与承题句之间的关系可视为"解释""详述"或"例证"。更远还可以追溯到派尼（1969）的经典写作教材，该教材更明确、具体地提出承题句应该直接承题，如"主题句一旦提出，紧接着最自然的事情就是对之解释和例证"（派尼，1969）。其他许多研究或写作教材（兰根，2011；罗森华莎，2008）也直接论述或用例子明示了英语段落应该直接承题。

一般认为间接、关联性思维是汉语写作的特点，大部分汉语语篇趋于采用隐喻式语言迂回表达思想（毛履明，2006；苏利文等，2012）。但刘悦（*Liu Yue*）（1996）认为汉语语篇的展开不完全是间接的，也有相对直接的模式，如"开门见山"式、"话题—限制—例证"式。刘悦引用了报纸上的两个段落来说明"开门见山"模式，见例（1）和例（2）。两个段落均直接呈现必要信息——时间等，紧接着出现焦点信息——奥林匹克运动会开幕式。例（1）是先报道，再评论。例（2）是先评论，再报道——［2］和［3］为报道。

例（1）［1］*Today, an audience of 70, 000 people and 13, 626 performers took part in the opening ceremony of the 24th Olympic Games. ［2］This grand occasion shows that the days are gone when one or another high - power - sports country was absent in the past 12 years, and that people from five continents have joined hands and come together.*

例（2）［l］*"Watching the eternal flames rising, our hearts were echoing. Break through all barriers, and our happy days last forever."［2］This morning in Seoul, Korea, the athletes from 160 countries come to join the opening ceremony of the 24thOlympic Games which has the biggest scale in history.［3］In this ceremony, there has been a friendly atmosphere.*

然而，这些模式与英语语篇模式并不完全相同。"开门见山"式和英语的直接模式相差甚远，可以说是"伪直接模式"。其段首句描述性内容较多，概括性不足。段首句即使包含了主题，也不能覆盖第二句，二者之间只是并列关系或"联合"关系，而不是层级关系，即"核心—卫星"关系。如果把段首句看作主题句，第二句则属于雷德（1996）研究中的间接承题句。此外，"开门见山"式段落中还缺少足够的支持性细节。因此，该模式与英语直接模式只是貌合，实质上还是间接模式。刘悦发现这个模式在 20 世纪 50 年代以后广为应用，主要用于新闻、议论文、记叙文中，对学生的写作影响较大。"话题—限制—例证"式和英语段落模式最为接近。从修辞关系的角度看，第一句与第二句之间是"详述"关系，之后为"例证"关系。符合英语段落写作规范。

二、段落句间关系的相关研究

许多关于英语段落的研究都专注于主题句的位置，如陈伟杰（2011）和李志雪（2000）的研究；句子与词汇的复杂性、语篇标记语的数量，如欣克尔（Hinkel）（1997）、徐海铭和龚世莲（2006）的研究；宏观结构，如尤萨尔（2008）、希若斯（2003）的研究。有少量研究涉及段落内部句子之间的逻辑语义关系，戈多（2008）比较了匈牙利和北美大学生的议论文，发现匈牙利学生偏好用"对比""列举""支持"关系。

很少有研究涉及主题句与承题句之间的关系。雷德（1996）研究了第一承题句的写作情况，该研究为探索性研究，旨在回答三个研究问题：有经验的英语本族语读者能否预测段落第二句内容（即主题句之后的句子）；无经验的英语本族语学生能否预测段落第二句内容；英语为第二语言的学生能否预测或写出符合预测的段落第二句内容。参与者为 27 名英语本族语学生和 45 名来自不同国家的非本族语学生，均为大学一年级中高级写作水平的学生，学过段落主题句写作。要求学生针对 8 个主题句写出承题句，完成段落。6 个有教学经验的写作课老师，对这 8 个段落的第一承题句内容进行预测。研究发现，符合预测内容的英语本族语学生人次，比非本族语学生多一倍。因为英语本族语学生倾向于通过详述题旨或缩小话题的方式直接进入正题，而非本族语学生则多采用间接方式承题，如介绍新话题。研究中的本族语老师将这种间接方式视为"不合适"，雷德称之为"非正常现象（anomalous）"。

艾里森等（1999）做了与雷德（1996）相似的研究，参与者为 108 名新加坡本科生，对写作内容的预测等研究结果却不完全相同。雷德（2000）强调第一承题句在段落写作中的重要性，非本族语学生由于缺乏英语语言、修辞、文化背景等知识，写出的段落第一承题句与主题句的修辞关系呈现"非正常现象"，不符合英语修辞模式。对于此观点，我们高度认同。但为了避免其研究所引发的争议问题，我们不再采用根据主题句预测承题句的方式，而是从修辞关系的角度研究主题句和第一承题句的关系。

第三节 研究设计

一、研究问题

雷德的研究中发现，英语为第二语言的学生多用间接手段写作，直接承题的段落只有35%。然而英语本族语学生直接承题的段落较多，占52%。雷德的研究结果是1996年以前的情况。更重要的是，参与者母语背景不同，文化差异较大，对话题的熟悉程度也不同。如柬埔寨的新年以及印度尼西亚葬礼的三个仪式，相关背景知识的差异会影响承题方式。由此提出第一个研究问题：

问题1：母语背景相同的英语学习者在写作中是否仍倾向于间接承题？趋于采用何种修辞关系？

艾里森等（1999）以及雷德（1996）研究的局限性之一是任务类型单一。孤立的主题句仅为了收集数据而设计，其限制性较强，学生不知段落的写作目的，无语境，也不能以自己的方式写主题句，这些都造成了续写的困难。因此，本研究采用不同的任务类型，增加了学生作文中的段落研究，还增加了对同一任务类型中不同内容的任务的考察。由此提出第二个研究问题：

问题2：语篇写作中的承题方式及修辞关系的选择是否与任务类型和内容有关？

二、参与者、写作任务与态度调查

写作任务的参与者为62个英语专业二年级学生，学过英语段落及议论文写作。写作水平相近，写作成绩在85~90之间，包括写作知识（70%）和作文（30%）两个部分。这个分数段的人数较多，而且对所学的英语写作知识（显性知识）掌握较好。我们没有将作文分数限制在狭小的范围内，因为本研究不需要写作水平完全一致的参与者。

写作任务分为两个类型，一个是围绕所给的主题句写段落，另一个是作文。类型一包括两个话题，话题一较抽象，给出的主题句为 "*A period of lone-liness can teach you to use your creativity*"。话题二较熟悉，主题句为 "*Spring Festival is the most exciting festival in China*"。每个段落写作时间为 20 分钟。类型二为作文，写作时间 50 分钟。要求对 "选美" 现象表达自己的观点，并阐述论证。要求如下："*Beauty contests are popular in many parts of the world. Some people believe these contests should be banned，for they，degrading to women，don't serve any purpose in society. Do you agree or disagree with the statement? Write an es-say to develop your position*。"

为了更好地回答研究问题，我们对汉语中伪直接模式 "开门见山" 式的接受程度进行了调查。参与者为 92 个英语专业二年级学生，包括写作任务的参与者。调查内容为四个段落，要求从结构方面对可接受程度按 5 分制给予评价。如果愿意，可以写出原因。四个段落从写作任务参与者的段落和作文中提取。修辞模式为 "开门见山" 式。话题一选择了两段，第一句与第二句之间分别为 "联合" 和 "对比" 关系，因为这两种修辞关系均代表 "开门见山" 式，且在学生习作中较普遍。话题二和作文分别选择了一段，前两句之间为 "联合" 关系。这些修辞关系的操作性定义见本文第 4 部分。

三、数据收集与分析

修辞关系的鉴别采用 "修辞结构理论（*Rhetorical Structure Theory*）"（曼，汤普孙，1987；福克斯，1987）所提出的概念。该理论认为，语篇块之间由修辞关系连接，修辞关系有两大类，即 "核心—卫星" 关系和 "核心—核心" 关系。"核心—卫星" 关系有例证、详述、重述、条件、解释、证明、让步等。"核心—核心" 关系包括对比、联合、评论等。修辞结构理论一经提出，学者们便竞相采用该理论进行各类语篇的分析。然而，有些研究者如豪伊（*Hoey*）（2001）、哈提伯（*Khatib*）和莫拉迪恩（*Moradian*）（2011），发现修辞结构理论有不完善之处，如，各种修辞关系的定义不够清楚，有重叠现象，造成鉴别时的困难，具体研究中需进一步界定完善。尽管如此，目前极少有理论能完全替代修辞结构理论。因其巨大的影响力之故，本研究仍采用修辞结构理论中的修辞关系与概念，以句子作为语篇块，考察主题句与第一承题句之间的修辞关系。数据统计之前，我们发现学生写作中的修辞关系涉及"核心—卫星"关系中的解释、例证、详述、重述，以及"核心—核心"关系中的对比、联合、评论。因此为了使鉴定工作客观合理，我们对这些修辞关系的操作定义进行了进一步界定，并以任务类型一的两个话题段为例进行举例说明。

"解释"指解释原因，即承题句的内容所表达的是主题句的原因，回答"为什么"。如，（话题一）*In profound solitude, our hearts can better rest in the cradle of silence and peacefulness, away from the hustle and hustle of urban life, which helps us open up our minds to a more creative life.*

"详述"指承题句对主题句的内容进行详细的展开，即说明"如何"。如，（话题二）*During this festival, people around the nation will be back to home no matter how far it is*。

"例证"指承题句对主题句进行举例说明，例子可以是具体的或泛例，也可以是事实、数据、谚语或名言。如，（话题一）*Take Walt Disney as an example*。

"重述"指承题句重复主题句的内容。如，（话题二）*Spring Festival is not only the most important traditional festival in China, but also the most exciting one.*

"对比"指承题句表达主题句的反面情况，即反说。艾里森等（1999）将雷德（1996）的"矛盾（contradictory）"视为"对比（contrastive）"，因为他们认为这样的句子在逻辑上并不矛盾，是可以成立的。本研究采用此理念。如，（话题一）*What is widely acknowledged is that complex relationship is one of the main reason why people cannot concentrate on their work.*

"评论"指承题句对主题句内容进行评论。如，（话题一）*You may be confused about these words*。

"结果"指把主题句看作"原因"，承题句表达"结果"。如，（话题一）*It may explain why so many parents buy their children a lot of toys like models.*

"联合"指承题句与主题句的内容联系松散，不像以上几种关系那么紧密。既没有回答"为什么"或"如何"，也没有提供例证。似乎在谈论另一个话题。如，（话题二）*This festival has the longest history among all the festivals in China.*

如本文第 2 部分"相关研究"所述，"解释""详述""例证"是对主题句的直接展开，因此视为直接承题。"对比""联合""评论""结果"为间接承题。"重述"是对主题句信息无意义的重复，英汉写作中均视为冗余拖沓，因此看作非常规承题。

我们对两个话题段落和作文段落中主题句和第一承题句的修辞关系，进行了分析统计。作文数据的收集中发现，绝大多数学生都写了两段以上的论据。但由于有些学生没写第三段，所以数据统计中作文只统计两段，以确保统计的一致性和有效性。有的作文段落第一句是问句，第二句是回答，我们把前两句一起作为主题句，第一承题句则为段落第三句。如，"*Are these contests degrading to women? The answer should be absolutely not. In these contests, ladies not only show their beauty but also their knowledge and talent...*" 主题句在段尾，文章主体仅一段等均不符合我们的研究目的，所以排除了这些参与者，最后进入数据分析的参与者为 55 人。所有修辞关系的鉴定均由两人分别完成，之后逐个核对。只有 12 处有分歧。商议之后，达成一致。此外，还对任务类型一中两个段落的文本长度进行了统计，用以比较思想的丰富程度。

第四节 研究结果

主题句与第一承题句的修辞关系总体统计结果见表6.1。出现最多的是"联合"（31.82%），其次为"解释"（27.73%），再次为"例证"（18.18%）和"详述"（12.27%）。其他则寥寥无几，"结果"关系频率最低。直接方式承题的修辞关系占58.18%，间接方式占40%。非常规方式承题的修辞关系"重述"，出现频率极低，说明学生意识到其不可行。从段落写作结果看，直接方式承题的修辞关系中，"解释"较受青睐。间接方式承题则倾向于采用"联合"。

表6.1 总体描述性统计结果

直接方式			间接方式					总计
解释	详述	例证	重述	对比	联合	评论	结果	
61 27.73%	27 12.27%	40 18.18%	4 1.82%	12 5.45%	70 31.82%	4 1.82%	2 0.91%	220 100%
58.18%			40%					

表6.2显示了任务类型的比较结果。任务类型一的最高频率为"解释"，其次为"联合"。类型二的最高频率为"联合"，但其次为"例证""解释"。类型一直接承题的修辞关系占62.74%，高于类型二53.62%。直接承题的修辞关系中，"解释"在任务类型一使用最多，"例证"在类型二使用最多。对两种任务类型的修辞关系频数进行了双向表卡方检验，结果显示出显著性差异。

表6.2　任务类型比较

任务类型	直接方式				间接方式				总计
	解释	详述	例证	重述	对比	联合	评论	结果	
类型一	38 34.55%	19 17.28%	12 10.91%	3 2.73%	7 6.37%	29 26.37%	1 0.91%	1 0.91%	110 100%
类型二	23 20.9%	8 7.27%	28 25.45%	1 0.9%	5 5.45%	41 37.27%	3 2.72%	1 0.9%	110 100%
皮尔逊 X^2	18.96　　 $p = 0.008$								

对任务类型一中两个不同内容的任务也进行了比较，见表6.3。两个不同话题的段落在修辞关系的频率上呈现不同情况。话题一频率最高的是直接承题的修辞关系"解释"，其次为"例证"，其他则相差甚远。话题二频率最高的是间接承题的修辞关系"联合"，其次为"详述""解释"。而其他几种修辞关系的频数在两个段落之一出现了0。鉴于此，对两个话题的四种修辞关系（"解释""详述""例证""联合"）频数进行了双向表卡方检验，结果显示出显著性差异，皮尔逊卡方值为37.81（$p = 0.000$）。此外，话题一直接承题的修辞关系占70.91%，远远高于话题二（54.55%）。

表6.3　任务内容的比较

	直接方式				间接方式				总计
	解释	详述	例证	重述	对比	联合	评论	结果	
话题一	27 49.09%	1 1.82%	11 20%	0	7 12.73%	7 12.73%	1 1.82%	1 1.82%	55 100%
话题二	11 20%	18 32.73%	1 1.82%	3 5.45%	0	22 40%	0	0	55 100%

为了比较不同话题下思想的丰富性，我们对话题一和话题二的长度进行了比较，并进行了配对样本 t 检验，见表6.4。话题二平均值大于话题一，且

具有显著性差异。同时还进行了皮尔逊相关性检验，相关系数为0.88，呈显著相关，说明参与者在完成话题二时普遍产出较长文本。

表6.4　话题一和话题二文本长度比较

	平均长度	标准差	t 值	相关系数
话题一	103.11	25.52	−3.66	r = 0.88
话题二	113.42	28.61	p = 0.001	p = 0.000

调查结果见表6.5。话题一中，间接方式承题的修辞关系中"联合"和"对比"较多，所以调查时各选了一段。话题二间接方式承题的修辞关系只有"联合"，所以调查中只选了一段。作文中"联合"关系远远超过其他修辞关系，所以调查中也只选了一段。参与者对四个段落的接受程度都大于3，即倾向于认为可以接受。对可以接受的原因描述如下：逻辑连贯，紧扣主题，有举例说明，有原因分析，表述清楚，有说服力等。对不可以接受的原因描述也是形形色色，如缺少对比，缺乏例证，原因分析不充分，观点陈旧等。但极少有人（仅2人）提到"主题句与下文联系不紧密"。看来，参与者比较重视"对比"和"例证"。

表6.5　伪直接模式"开门见山"式的接受程度

修辞关系	话题一（联合）	话题一（对比）	话题二（联合）	作文（联合）
均值	3.29	3.64	3.34	3.41

第五节　讨论

一、承题方式与修辞关系的偏向性

表6.1显示，研究结果不同于雷德的发现。直接承题的学生比例高于雷

德的研究（58.18% >35%）。雷德的研究中非本族语学生母语背景不同，因此有较大的文化差异，对同一个问题会有不同的理解。本研究中参与者母语背景相同，避免了此方面的问题。另一方面，英语写作教学的作用值得注意。雷德研究中的英语本族语学生在小学阶段就开始学习英语写作规范，具有丰富的语言、语境或修辞方面的知识。而十几年前的非本族语学生对英语写作规范还知之甚少，这很可能导致承题方式的差异。本研究中的参与者中学时就接触到英语写作规范，大学二年级已系统地学习了段落写作。这并非特例，而是中国大学生的普遍情况。十几年来，英语写作教学的效果从本研究中可见一斑。

在直接方式承题的修辞关系中，参与者倾向于用"解释"关系。这符合桑德斯（2005）的"默认因果关系假设（*causality - by - default hypothesis*）"，即由于读者的目的是建立信息量最大的心理表征，所以当面临两个连续的句子时，首先假定为因果关系。其他研究如马瑞（*Murray*）（1997）、阿斯和丹伯格（2012）发现在写作中也是如此。绝大多数被试在续写无连接词的单个句子时，倾向于写原因或结果。本研究中参与者的任务是主题句续写，所以选择英语段落修辞模式，写原因，采用"解释"关系，"结果"关系十分稀少。

然而，汉语写作思维的影响仍然存在。间接承题方式占40%，且"联合"关系所占比例最高。雷德研究中视之为"非正常现象"，不符合英语段落写作规范。因为主题句确定了话题框架（*frame*），此后的承题句内容只能在此框架内。如果出现"联合"关系，则意味着新框架出现，这个框架和主题句的框架一起构成较大的框架。结果是，话题更加宽泛，和英语段落写作原则背道而驰。但这种段落展开方式在汉语中却很常见，并为英语学习者所接受。间接性与汉语写作中的关联性思维（*correlative thinking*）有关。具体表现为诉诸传统和权威，通过平行并列关系重复出现，而不是清晰直白地表达思想，目的是在新的语境里呈现新的意义和关系，为读者理解语篇要点作铺垫。也可以说是语境化提示，即提示语言预设及如何理解话语整体（毛履明，

2006）。以本研究中任务一的第二个话题"春节"为例，间接承题的参与者通过介绍春节的重要性、历史渊源、具体日期等进入话题。还有的参与者用小林和云耐特（2008）所说的"元语篇陈述"引出下文信息，如"*During Spring Festival, we have many activities to do*""*Spring Festival is highly valued by people of different ages*（下文写不同年龄的人如何庆祝春节）"。这些都没有直接说明主题句中的关键词 *exciting*，却为此关键信息做铺垫，起陪衬烘托作用。

　　汉语写作中"开门见山"式写作模式的提倡和推广，对英语写作也有一定的影响。接受程度调查显示（见表6.5），学生普遍接受这种模式，且误以为该模式等同于英语的直线型模式，而在英语写作中继续使用。因此出现了主题句与承题句的脱节，主题句与第一承题句的信息焦点并列的双主题句现象。如"*A period of loneliness can teach you to use your creativity. Creativity is ability which is not only the gift from God, but a fortune you need to dig out*"。在任务二作文段落的写作中则出现了主题句信息较弱，概括力不足的现象。如"*Beauty contests stimulate us to exercise more and build our bodies. As we all know, there are more and more fat boys and girls now*"。

二、承题方式与修辞关系选择的灵活性

　　承题方式与修辞关系的偏向性并不是固定不变。表6.2显示，任务类型影响承题方式和修辞关系的选择。段落续写与作文写作相比，更多地采用直接承题方式，更符合英语写作规范。说明参与者在这类任务中英语修辞意识较强，因为这类任务简单直接，更容易唤起他们的修辞意识，从而较多地注意句间修辞关系。相对而言，作文写作则要考虑整体结构，论据的充分性、丰富性，以及主题句的写作等问题。任务复杂度较高，认知负荷较重，因此英语修辞意识降至极其次要的地位。

　　在直接承题的修辞关系中，"解释"在段落续写中最受青睐，而作文段落则倾向于使用"例证"。"例证"法在英汉写作中均提倡。熊涛（*Xiong Tao*）（2012）对我国初中英语教材的分析发现，最突出的修辞模式就是名人事迹的

引用，即"例证"法，这对于学生英语写作有很大影响。学生从小接触此模式，且教材中有课文作范文，因此对于此模式习得较快，易于使用。而且，接受程度调查中也发现，参与者非常看重段落中有无"例证"。这和 *Godo*（2008）研究中的匈牙利学生相似。此外，作文段落主题句的写作有一定的自由度和随意性，在认知负荷较重的情况下，为了符合英语规范而采用"例证"这种较简单的方式写作，是一种自发的选择。

　　表6.3显示，任务内容对承题方式和修辞关系有较大的影响。话题一"孤独"篇更加倾向于直接承题，且"解释"占绝对优势。话题二"春节"篇频率最高的是"联合"，但与"详述"相差无几。话题一较抽象，不容易发挥拓展，参与者倾向于用"解释"，而几乎抛弃"详述"。可能因为分析概括能力不够。但对于这种话题，参与者反而比较小心，依赖值得信任的、保险的写作方式，所以其他不合英语规范的修辞关系较少。相比之下，话题二较容易发挥，因为研究结果显示参与者普遍产出较长的文本。但该话题属于普遍话题，且描述性较强，所以极少用"例证"，而是依赖"详述"。但正因为思想太丰富，太容易发挥，参与者用迂回、间接的修辞关系较多，所以"联合"较多。不合英语规范的修辞关系高于话题一。可以说，思想越丰富，越容易发挥，修辞关系越迂回、间接。

第六节　结论与启示

　　本研究的结果表明，直接承题的段落多于间接承题，说明学习者对于英语修辞模式掌握较好。在直接方式承题的修辞关系中，参与者倾向于用"解释"关系。但汉语写作思维的影响仍然较大，如汉语的"开门见山"式。承题方式与修辞关系的选择虽然有一定的偏向性，但还具有一定的灵活性。学习者在段落续写中英语修辞意识较强，更多地采用直接方式承题。对于较容易发挥的普遍话题，则较多地采用间接类的修辞关系，如"联合"。

　　有些学生误认为汉语中的开门见山式等同于英语段落写作直线型模式，并一直照此模式写作。因此英语写作教学中有必要纠正澄清。荔（Lee）（2002）认为语篇的一致性和连贯性具有可教性，有助于学生更深入地理解规范的英语语篇。仅仅让学生了解英汉写作修辞模式的差异还不够，需要帮助学生在写作中应用。仅仅训练学生写主题句也不足以使段落达到一致和连贯，在写作教学中，还需训练学生写第一承题句，或让学生分析自己段落中主题句与第一承题句间的修辞关系，特别是针对像"春节"篇这类容易发挥的普遍性话题。

第七章

议论文写作中的劝说性修辞策略

第一节　前言

西方传统修辞学认为修辞的目的是"劝说"，主要关注"怎么说"的问题，也就是"用什么样的策略来说"的问题，修辞策略是达到劝说目的的关键所在，因此也是十分值得关注和研究的内容。阿德拉（*Adler*）等（2016）认为，劝说指通过交际改变他人信念、态度或行为的意图。这是狭义的解释。劝说不一定要"改变"态度或行为，能影响态度也是劝说的目的。议论文是一种劝说性文体，是作者与读者交流互动的过程。然而，对英语学习者议论文中劝说性修辞策略的研究却十分罕见。本章首先综述了古典修辞学、新修辞学以及现代劝说性语篇中的修辞策略，然后介绍了有关修辞策略的实证研究，最后呈现了一项英语学习者议论文中劝说性修辞策略的调查研究，基于"技能习得理论"，对英语学习者议论文中劝说性修辞策略的种类，策略使用的偏向性和发展性特征进行了研究。

第二节　劝说性修辞策略

一、古典修辞学中的劝说性策略

从古典修辞学到当代修辞学，劝说策略一直都是东西方修辞学者关注的焦点之一，因此产生了丰硕的理论成果和应用创新。古典修辞学家重点关注如何增强口头语篇的劝说效果。亚里士多德（2012）认为，要想使演说取得成功，演说者需运用三种劝说性策略（以下简称"三诉诸"）——理性诉诸（*Rational Appeal*）、人格诉诸（*Ethical Appeal*）、情感诉诸（*Affective Appeal*）来影响听众的信念，改变其观点。

理性诉诸指演说者运用演绎和归纳等逻辑推理方法对论题进行有力地论证。如第二章所述，运用归纳法和演绎法，包括三段论推理和三段论省略式。此外，还可以通过举例，呈现事实，格言等（克劳利，豪希，2004）。理性诉诸不当，即不合乎逻辑的言辞，则称为逻辑谬误。

人格诉诸指演说者通过展现智慧、品德和善意，打造值得听众信赖的正面形象。首先美德如诚实、善良、慷慨等可以直接提升演说者的人格。声望和权威也可以使演说者更加值得信赖。如，大家族成员的言语举足轻重。演说者展示其智慧有助于增加可信度，如演说者的博学，对话题了解充分，行家身份等。此外，演说者的风格也很重要，如简洁明了、谦虚、认真等都有利于提升其人格。演说者人格通常是真实的，但有时也可能是假的，是演说者虚构的。然而这种假的人格有时会露馅，从而失去听众。

情感诉诸指演说者通过生动地再现某场景，或者使用感情色彩强烈的词语等，来调动听众的感情，从而赢得听众的支持。古典修辞学比现代英语修辞学更看重情感诉诸，认为情感可以促使人获得知识，采取行动。演说者首先得了解、分析听众的情感状态，然后决定调动哪种情感，并依赖词语、修辞手法、语气语调等来调动感情。

理性诉诸是"三诉诸"中最为重要的策略，但是人格诉诸是"三诉诸"成立并达到劝说性目的的根本，因为如果受众怀疑甚至厌恶演说者的品行，那么无论他的演说多么符合逻辑，采用什么样的情感烘托，都不会说服听众。

亚里士多德还提出劝说性语篇的结构应该由六个部分组成，即开头、陈述论点、分论点或论据预示（*Partition*）、证明支持论点、反方观点、结论。这个结构一直沿用至今。"分论点或论据预示"使得语篇内容清楚地展现给受众，从而获得好感，也是诉诸人格的一种方法。

二、新修辞学中的劝说性策略

20 世纪 60 年代是"修辞复兴（*rhetoric revival*）"时期，这个时期的理论被称为"新修辞学"。"新修辞学家"们重拾古典修辞学理论，并进行修改完善，古为今用。他们的研究重心不是写作，更不是写作教学法，而是理论重构。他们发现传统的逻辑体系如亚里士多德三段论、三段论省略式等并不能反映各种动态推理形式，于是提出了新的理论。肯尼斯·伯克（*Kenneth Burke*）（1969）提出了丰富的修辞学理论和思想，其中动机理论中的"同一（*identification*）"理论对劝说性语篇有很大影响。他认为写作要考虑社会语境，语言研究也应考虑逻辑语篇和语法结构之外的东西，社会语境不能缩减为纯理性的原则。伯克的"同一"思想在于和听众/读者一致，成为其中一员。"同一"类似于古典修辞学中的"人格（*ethos*）"，同时也涉及逻辑和情感诉诸，使得留给听众/读者的印象更为长久。伯克认为听众/读者中有不同观点，所以才要采用劝说性策略达到"同一"。

达到"同一"的策略有多种。首先，演说者/作者强调和听众/读者有着相同的情感、信仰、利益、社会地位，则可以达到"同一"。例如，演讲者面对一大群农民工，说"我是农民的儿子，干过农活，做过苦力"。他就会在情感上获得听众的认同，被认为是这个群体的一员。

其次，演说者/作者强调和听众/读者有着相同的对立面，也可以达到"同一"。如面对相同的困难，同样的对手，面临同样的挑战，同样恶劣的环境等。

再者，无意识的行为也可以劝说听众/读者，达到"同一"。这种策略被称为"误同"（鞠玉梅，2011）。例如，使用包含性的"*we*"，拉近听众/读者的距离。这种策略是隐性的，很难察觉，却很有力，因为听众/读者是在不知不觉中被影响（伯克，1969）。

获得"同一"的第四种策略是非语言行为，如握手，拍肩或背，拱手，飞吻，点头等。这种策略常见于演讲等面对面的交际，而非书面语篇。

三、现代劝说性语篇的修辞策略

现代劝说性语篇的修辞策略一般还是建立在古典"三诉诸"修辞策略之上。珂纳和劳娜（*Laurer*）（1985）认为，写作者运用"三诉诸"手段有效影响受众认同与合作的语篇，就是"劝说性书面语篇"。为了考察"三诉诸"在劝说性语篇中的发生机制，学者们对"三诉诸"下属的子类进行了具体划分。珂纳和劳娜（*Laurer*）（1985）在参考众多修辞、传播和心理学家的理论基础上，将"三诉诸"细分为 23 个诉诸子类。比伯（*Biber*）等人（2007）进一步将23 条诉诸子类整合为 19 条，并逐一给出了定义、例证和解释。希根斯（*Higgins*）和沃克尔（*Walker*）（2012）则结合管理与沟通技巧及修辞学的相关研究，确定了 15 条诉诸子类。虽然目前"三诉诸"的分类标准尚未达成统一，但是学者们在将古典修辞学理论运用于现代英语语篇方面做出了贡献。

苏特（2007）认为要使文章具有劝说性，作者必须考虑读者的个性、偏见、压力和对于观点的接受程度。其中分析读者的个性最重要。他把读者分为四类：红色个性、黄色个性、绿色个性、蓝色个性。红色个性的读者感情丰富、敏感，喜欢面对面交谈。黄色个性不如红色个性那样富有情感，但喜欢想象，不喜欢事实和数据。绿色个性情感丰富程度更低，厌恶风险，但尊重作者的情感，欣赏其劳动。蓝色个性的读者最冷静，他们喜欢依据事实和简洁、准确的信息来自己做出判断。由此看来，情感诉诸对于红色个性的读者颇为有用，但对于蓝色个性则可能不起作用。理性诉诸策略非常适合他们，但对于红色个性则可能不起作用。所以，作者在决定使用劝说性三诉诸前，一定要了解读者的个性特征，特别当读者是个体时。维尔孙（*Wilson*）（2003）探讨了四种劝说性修辞策略：奖励策略、惩罚策略、逻辑策略、情感策略。奖励策略即信息中包含正面积极的结果，而惩罚策略则是信息中包含负面消极的结果。逻辑策略和情感策略分别提供理性与非理性信息。阿德拉等人（2016）的研究也将劝说性策略分为四类：理性积极策略、情感积极策略、理性消极策略、情感消极策略。理性积极策略指理性的正面表述，包括劝说性的科学论据和奖励策略。情感积极策略指唤起情感的奖励策略。理性消极策略指负面信息表述。情感消极策略指诉诸情感的惩罚策略，强调不做某事的后果。

　　国内有些研究也涉及修辞策略。胡曙中（2008）指出劝说中有两种主要的策略。第一种策略规定劝说者不必就所有的争论点进行论辩，他只要选出一两个争论点作为主要的方面，并努力进行有说服力的论辩，以使听众忘记其他几个争论点。第二种策略规定劝说者选定一个非争论点的问题作为自己的主要方面，并着手对它进行证明，以此暗示这是一个争论点，而且是唯一的争论点。在这种策略中，劝说者使用逻辑作为幌子来掩盖真正的争论点。高万云（2001）认为修辞策略主要解决" 我将怎样说"或"我应怎样说"的问题。他针对汉语政治话语，指出修辞策略是关于修辞的方针、思考、方案和程序，并将其划分为态度策略、格调策略和传达策略三种，并且每一种策略又可分为多种下位类型。态度策略包括适应型和引导型，格调策略包含高雅型和浅俗型，传达策略包括出奇型和守正型。郑荣鑫（2007）认为修辞策略是在语言交际活动中，说写者为顺利达到交际目的，努力适应听读者而选择和运用语言材料的一种谋略。他将修辞策略划分为：了解性策略、理解性策略、审美性策略；趋同策略、趋异策略、保持策略；和对应性策略、离合性策略、聚散性策略。李克、王湘云（2016）认为修辞策略包括范畴化、概念化、象征化、组织化、操作化等修辞五艺及情感、逻辑、修辞人格、交际策略、论辩模式、话语策略、戏剧理论、批评步骤等。

第三节　相关研究

一、修辞策略的相关实证研究

国内外学者对多种类型的劝说性语篇进行了分析研究，包括广告、演讲、写作、推销类信件、新闻报道、宣传册、翻译等。然而，劝说性修辞策略的研究缺少数据统计，大多数研究属于理论思辨性文章或著作，如蓝纯（2010）、鞠玉梅（2011）、吴礼权（2014）、朱玲（2004）、比泽尔（*Bizzell*）（2006）、杰克逊（*Jackson*）（2006）、麦克雷肯（*McCracken*）（1971）。考察"三诉诸"策略在劝说性语篇中的使用目的和效果，仅有少数学者从量化分析的角度对"三诉诸"策略进行研究，如比伯等人（2007）对英文募捐信中"三诉诸"的使用情况进行了数据统计，检验了"三诉诸"判定标准的合理性和可行性；鞠玉梅（2020）分析了中外学术论文摘要中的修辞劝说机制，发现论文作者通过目的—结果语步来实施理性诉诸，通过模糊限制语来实施人格诉诸，通过自我提及和态度标记语来实施情感诉诸，诉诸理性和人格构成了主要劝说方式。刘新芳和王云（2018）分析了汉英博士论文致谢辞，发现情感诉诸大体有三种方式：讲述攻读博士学位阶段的痛苦或快乐经历来引起读者的同情，使用致谢词及修饰语使读者获得一种欣慰、自豪或骄傲，运用歉疚词及修饰语向致谢对象表达内疚来获得读者的宽慰、认同或同情。并且发现英语致谢词的数量比汉语略显丰富。刘东虹（2017）对比了中英文酒店语篇中"三诉诸"的使用差异，采用质化和量化混合的方法对语料进行编码和分析。研究结果发现，国内和国外酒店即使同样采用诉诸理性策略，在材料的取舍上却采用了不同的具体策略。国内酒店的策略是面面俱到，而国外酒店却是核心为重。在人格诉诸中，国内酒店比国外酒店更多地采用身份、历史等信息的描述来增加可信度。这些修辞策略折射出不同的文化价值观，并由此得出结论，即使在当今全球化背景下文化价值观呈现出多元化，修辞策略的使用仍然受到深层文化的影响。对修辞策略的评价应该充分考虑其文化价值取向，离开了这个语境很难判定策略的优劣。

除了三诉诸策略外，还有些研究从其他角度探讨劝说性策略。刘洋（2010）把图尔敏模式的每个成分看成不同的策略，比较了中英文新闻评论语篇中的策略使用情况。发现中英文新闻评论在诉诸逻辑策略的总体性上，在"理由"策略以及"依据"策略的使用上并没有显著性差异；然而"主张"策略和"反驳"策略的使用，呈现出显著性差异。维尔孙（2003）通过分析参与者的报告，研究了策略的劝说性效果。他发现在依赖电脑交际的情景中，奖励策略的劝说性效果最好，其次是惩罚策略和逻辑策略，而情感策略效果最差。然而在面对面的交际场合，情感策略效果最好，然后依次是逻辑策略、奖励策略和惩罚策略。希斯（*Heath*）等人（2006）发现，广告中的情感内容比理性内容更能影响品牌的喜爱度。政治语篇也是如此。

豪特格里乌斯（*Holtgraves*）（2015）作了理性（认知）修辞与情感修辞的研究，他让学生回答"认为自己怎么样"和"感觉自己怎么样"的问题，"认为"代表理性，"感觉"代表情感。尽管只有一词只差，但是对于情感问题的回答普遍消极。阿德拉等人（2016）研究了计算机调解对话中的修辞策略的效果，让参与者和计算机对话了解太极，之后通过问卷调查发现使用积极情感策略比理性策略更有说服力。

上述研究均未涉及第二语言议论文写作，可以说在议论文写作修辞方面对修辞策略的关注度不够，尤其是国内研究。尽管上述研究对修辞策略做出了界定，但是到目前为止关于修辞策略的定义及分类也没有达成一致。由于写作目的、语境、读者对象以及文体的不同，修辞策略的类别也会千差万别，英语学习者议论文中劝说性策略必定不同于其他写作者的不同文体。迄今还未发现有人对英语学习者议论文中有哪些修辞策略以及策略使用中是否有偏向性进行调查分析。可以说在英语议论文写作研究方面对修辞策略的关注度不够。

二、技能习得理论相关研究

"技能习得理论（*skill acquisition theory*）"由迪凯色尔（*DeKeyser*）（2007）提出，是对安德生（*Anderson*）等（2004）的"思维适应性控制理论（*adaptive control of thought*）"的发展。该理论认为，任何技能的习得都会经历三个阶段，从"陈述性阶段"到"程序性阶段"，最后达到"自动性阶段（*automatic stage*）"。这个顺序不能逆反。学习者在陈述性阶段所学习的知识和技能，来自老师或其他专家的传授，学习者自己可以复述，但是缺少练习，知识和技能的运用较为机械；需要占用很多注意资源。通过反复练习，可以进入程序性阶段，即从"知道什么"到"知道怎样做"。在这个阶段学习者不再需要从记忆中检索各种碎片，然后组装成"程序"来完成具体任务，他们有预备好的知识/技能块（*ready–made chunk*）可用；注意时间也减少。自动性阶段则表现为十分娴熟地运用知识和技能，一切都是信手拈来，不需要花费很多注意资源，且错误率极低。从程序性阶段到自动性阶段还有漫长的路，需要经过大量的练习。自动性只是一个相对概念，不可能达到100%，也不是非此即彼的问题，而是一个连续体，有程度差异。

目前"技能习得理论"以及早期的"思维适应性控制理论"应用研究主要在认知心理学领域，而语言学领域的实证研究并不丰富。有些研究仅涉及词汇提取的自动性，如克尔莫斯（*Kormos*）（2006）；语法规则习得，如迪凯色尔（2001）；以及语言产出的流利性，如德里达（*De Ridder* 等）（2007）。国内仅有少量的文章涉及陈述性知识和程序性知识的介绍以及对教学的启示，如王锦（2009）、孙鸣（2007）、鲍勤和王红（2007）。

从"技能习得理论"的角度研究议论文写作，目前十分稀缺。议论文体中修辞策略的运用也是一种技能，学习者的发展过程也必定会经历这三个阶段。那么在这三个技能习得阶段，修辞策略的选择会有什么变化呢？本研究拟尝试对此问题做调查分析，具体研究问题如下：

（1）英语学习者在议论文中使用哪些劝说性修辞策略？

（2）英语学习者在三个阶段中对劝说性修辞策略的使用是否有偏向性？

（3）三个阶段的英语学习者在劝说性修辞策略使用上是否呈现出发展性特征？

第四节　实证研究

一、语料来源

本研究语料来自 29 位参与者，4 名男生，20 名女生，平均年龄为 21.3 岁。他们是华中地区一所 211 大学英语系四年级学生，来自华中地区不同省份。参与者愿意把自己在大学一年级（第 2 学期）、二年级（第 4 学期）、三年级（第 6 学期）写的议论文作为我们的研究语料。这些作文要么是他们自己电脑中存留的底稿，要么是从任课老师那里找到的作业。研究者们答应为这些参与者准备英语专业八级作文考试提供帮助。之所以选择这三个年级的参与者是基于"技能习得理论"的设想。一年级语料产出时他们刚刚学习议论文知识，老师教授过写作方法即策略，我们假设参与者那时处于陈述性阶段。二年级语料产出时参与者们已经通过了英语专业四级考试，经过了许多写作训练，自一年级语料产出时已写过 10 篇以上的议论文。迪凯色尔（2007）认为陈述性阶段会很快过渡到程序性阶段。由此我们假设他们此时处于程序性阶段。三年级语料产出时应该是自动性阶段，因为这些学生都在准备专业八级考试，其中 15 人还在准备雅思、托福、夏令营、研究生考试。也就是说，他们在程序性阶段之后又进行了大量练习。而且，自动性是相对概念，是连续体（迪凯色尔，2007），此时的参与者相对于上一个学年而言，处于自动性阶段。

语料中的议论文是他们的课外作业，属于有争议的开放性话题。一年级的话题为"传统技艺 *V. S.* 现代化"，二年级的话题为"网络：利 *V. S.* 弊"，三年级为"语言的相似性 *V. S.* 任意性"。写作要求如下：

一年级

When a country develops its technology, the traditional skills and ways of life die out. Some people think it is pointless to try and keep them alive. Do you agree or disagree with the statement? Write an essay to develop your position.

二年级

Some people think that the Internet is good to our life. While others think that it is bad. Write an essay to express your view.

三年级

The arbitrariness/iconicity of language has been a controversial topic. Some people insist that language is generally arbitrary with more or less iconic elements. But other people contend that language is mostly iconic with some arbitrary elements. Write an essay to explain your personal opinion.

二、数据收集与分析

本研究总体上采用"探索性序列混合法（*exploratory sequential mixed method*）"来回答上文提出的研究问题。首先采用定性研究，找出修辞策略的种类，回答问题（1）。我们采用斯特劳斯（*Strauss*）和科尔宾（*Corbin*）（1998）的扎根理论的操作程序，进行三级编码，即分三个阶段对作文中的修辞策略进行三次编码。编码工作由两人做。一级编码最难但是最重要，分成六步进行：

第一步，两人分别对同一篇作文进行一级编码，找出所有的修辞策略，即把每一句都进行修辞策略编码。

第二步，两人进行讨论，商量确定修辞策略的命名，并加以界定。

第三步，两人再分头对两篇作文的每个句子进行编码。

第四步，再次讨论，核对、商量并确定修辞策略的名称和内容。

第五步，两人分头对剩下的作文进行编码。

第六步，核对编码结果，对于不一致的地方进行思考、讨论并确定最终的结果。

二级编码的主要任务是发现和建立类属概念（即策略）之间的各种联系，并合并同类项，用高一级的概念命名。三级编码是对已发现的高级类属概念进行系统的分析，选择一个核心类属。将核心类属与其他类属比较，最终确定其统领性。

定量研究用于回答问题（2）和（3）。只有先通过定性分析，确定了修辞策略的类别后，才能进行下一步的定量研究。数据收集首先采用频数统计，即一篇文章中某种策略出现的次数。以句子为单位来鉴别策略，并统计其数量。然而，考虑到三个年级文本长度不同，句子数量不同，为了确保研究的准确性和客观性，最终采用频率比较，即每篇文章中每种策略的数量除以策略总数。

第五节　研究结果

一、劝说性修辞策略的类别

（一）一级编码结果

本研究的焦点是修辞策略，因此没有采用以往研究中的语步统计（刘东虹，2015），而是采用斯特劳斯和科尔宾（1998）的扎根理论的操作程序，即三级编码。在一级编码中，我们将所有的语料按其本身所呈现的状态进行登录。登录的目的是从语料中发现类属概念，对类属加以命名，确定类属的属性。第一阶段编码发现了如下22种类属属性："篇首元语篇陈述""篇中顺序标记语""语篇框架标示""语篇行为标示""结尾预示""正面描述""负面描述""包含性 *we*""修辞问句""下定义""例证""数据""原因""推论""评论""断言""类比""引用""建言""引入话题""发表观点""陈述"等。

1. "篇首元语篇陈述"策略

"篇首元语篇陈述"是作者在文章开头部分使用对下文起预示概括作用，说明命题内容或者提醒读者某些命题重要性的话语陈述。"篇首元语篇陈述"是衡量预言性语言的一种标准，元语篇陈述是完整的句子而不是词或短语（刘东虹，2015）。相当于亚里士多德的"分论（*Partition*）"。本研究中篇首部分出现以下句式，可算作是元语篇陈述：

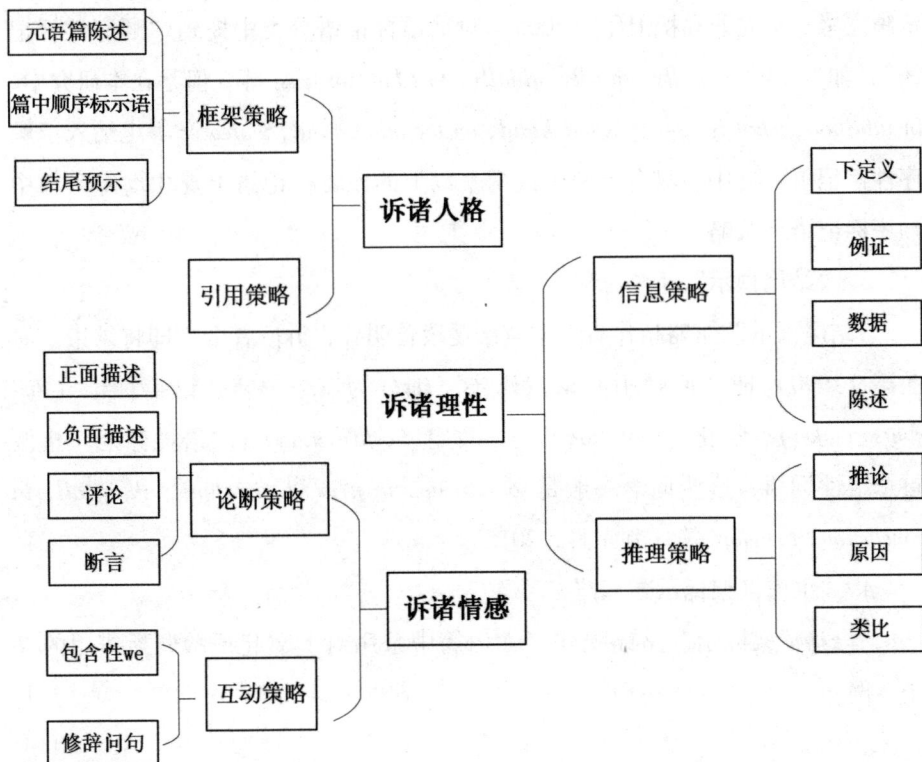

图 7.1　修辞策略的类别

My reasons are as follows.

I（don't）think. . .

Here is my concrete illustration.

The primary factors are as follows.

2."篇中顺序标记语"策略

"篇中顺序标记语"指在作文主体部分（除去开头段和结尾段），作者在段落间或某个段落内使用顺序标记语的策略。在作文主体部分的段落与段落之间或者在段落内，作者使用表示顺序的标记语从形式上会给读者留下思路清晰之感。王立非和祝卫华（2005）对话语标记语分类中提到"顺序性标记语"，如 *firstly*, *secondly*, *thirdly*, *finally*, *last but not least* 等。但是在本研究中，*in addition*, *what is more*, *on one hand*, *on the other hand*, *moreover* 等也纳入"顺序性标记语"之中。只有当两个或两个以上的该类标记语出现才算作"篇中顺序标记语"策略。

3."结尾预示"策略

"结尾预示"策略指作者在文章结尾段首明确告诉读者全文即将结束。海兰德（1990）把"回到中心论点语步"细分为三个语步：语篇标记（*discourse maker*）、强化（*consolidation*）、肯定（*affirmation*）。"语篇标记"指段首总结性词语，这些词语一般是 *to sum up*, *in a word*, *in short*, *all in all*, *in conclusion*, *therefore* 等（刘东虹，2015）。

4."语篇框架标示"策略

"语篇框架标示"策略指作者在语篇中采用对下文起预示概括作用的句子。例如，

Here are three steps.

Here are my reasons to keep them alive.

5. "语篇行为标示"策略

"语篇行为标示"策略指作者告诉读者接下来的做法，如举例、谈利弊等。例如，

> *Next I'm going to give the reasons according to...*
>
> *Here I'd like to give my opinion on...*

6. "正面描述"策略

不仅指作者讲述某一事物对人或事物有利的因素或指某一事物使人感到满意或满足的方面，还包括作者讲述某一事物存在的原因、作用、地位及价值。换言之，"利惠"策略不仅指一种对该事物存在价值或所起作用的具体的描述，也包括一种对该事物存在价值或所起作用的笼统概括。句子中会出现对某一事物或现象积极评价的词语，如 *good*, *helpful*, *significant*, *important* 等。例如，

> *The technology can help people save their energy and make them become more efficient.*
>
> *These skills make our life colorful, giving us lots of happiness.*

7. "负面描述"策略

作者讲述某一事物对人或事物有害的因素或指某一事物使人感到不满的方面。句子中会出现表示对某一事物或现象消极评价的词语，如 *bad*, *harmful* 等。例如，

> *That not only means we will lose some precious cultural treasure, but spiritual support.*

In the future, if we abandoned all the traditional skills the world would work just like a machine, monotonous and dull.

8. "包含性 *we*" 策略

作者在表明自己观点时使用人称指示词 "*we*" 而不是 "*I*"，目的是将读者带入自己创建的语篇当中，促使读者与自己站在同一立场发表观点，唤起读者共同情感。作者在描述某事物或事件时指出自己与读者共同拥有的背景知识，以此来引导读者阅读思路，并产生共鸣。例如，

We come to the conclusion...
We think...
We can conclude that...

9. "修辞性问句" 策略

"修辞性问句" 指作者以提问的方式调动读者思考积极性，引导读者阅读，创建一种作者似乎与读者面对面交流的氛围，以此拉近作者与读者之间的距离。"修辞性问句" 包括一般疑问句、特殊疑问句和反义疑问句。

10. "下定义" 策略

"下定义" 指作者用简洁明了的语言对被说明的事物的性质或特征做出概括说明的策略。通常以 "*something is*" "*something refers to*" 的句式等进行概括说明。

11. "例证" 策略

"例证" 策略指作者举出客观的事例，包括真人真事、个人经历和讲述故事等，以便对抽象的事物或概念进行阐释。通常由 *for example*、*for instance*、*such as* 等引出。

12. "数据" 策略

"数据" 策略指作者按照科学方法获取的数据，或者引用科学研究的

结果。

13. "评论"策略

"评论"策略指作者对目前谈论的话题或事物进行评价或描述，通常带有形容词或副词。这种策略带有主观性。例如，

But no matter how significant the science is, it derives from the traditional skills.

So our traditions are also the root of science which is indispensible and irre-placeable.

14. "类比"策略

"类比（Analogy）"策略指将两个本质上不同的事物就其共同点进行比较，通过综合运用比喻手法，帮助说明道理或描述某种复杂情况。例如，

Appropriate praise to a child is what the sun is to a flower.

Writing a book of poetry is like dropping a rose petal down the Grand Canyon and waiting for the echo.

15. "陈述"策略

"陈述"策略指作者在写作中向读者呈现不带有评判性质的信息，包括叙述事实、讲述故事、呈现事物特点等。即不带有明显表达态度的词语，仅仅是在陈述事实。例如，

When we see an objective or experience a kind of feeling, first we will form a notion of it in our mind, and then we will give it a name so that we can say or write down it when we want to mention or describe it.

16. "引用"策略

"引用"策略指作者引用名人名言、经典言论、箴言格言、谚语、成语典故、专家证言、新闻报道等支撑写作论点，增强写作说服力的做法。句子中有直接引用（带双引号）或者如下词语 "*according to*" "*as the saying goes*" "*here is an old saying*" 等。例如，

> *There is a famous saying*，"*Practice is the sole criterion for testing truth*"．

17. "断言"策略

"断言"策略指作者对谈论的话题或事物表达自己的看法，带有主观性。本研究中此类句子一般充当段落主题句，有其他策略在其前后作支持和平衡。例如，

> *While applauding for those benefits the Internet brings to us*，*we need to worry about disadvantages of the Internet as well.*

18. "原因"策略

"原因"策略指作者向读者解释原因的策略。句子中常带有 "*the reason is*" "*this is why*" "*this is the reason*" "*because*" 等表原因的词语。有时也可以根据前文内容进行判断。

19. "推论"策略

"推论"策略指作者根据前文的内容做出的推断性结论。往往以 "*therefore*" "*it is obvious that*" "*thus*" 等开头，句子中间也能有 "*accordingly*" "*consequently*" "*conclusion*" 等词语。"推论"策略出现在文章的主体部分，与"结尾预示"策略不同。如下例，第一句为"陈述"，基于这个事实推断出第二句。

People in the past of course lack more scientific knowledge than people now, *but they also have their own way to run the whole society. Therefore, there must* *be something we can learn from them.*

20. "引入话题" 策略

"引入话题" 策略指作者在开展论证之前（或者是明确给出观点之前）引入要写的话题，即在作文开头部分，作者表明观点之前介绍要论述的主题或者背景信息。

21. "发表观点" 策略

"发表观点" 策略指作者在论证之前或者结尾对某一现象或者事物发表自己的看法。通常由 *in my view*, *I think*, *as far as I am concerned* 开头的句子也可根据语义进行判断。

22. "建言" 策略

"建言" 策略指作者针对某事物的发展情况给出具体的改善措施或做法，或者进行呼吁。可根据语义判断，本研究中出现在文章结尾。例如，

The related departments should try their best to find successors interested in *these skills...*

(二) 二级编码结果

第二阶段二级编码的主要任务是发现和建立概念类属之间的各种联系，并合并同类项，用高一级的概念命名。在此过程中发现有些策略不属于劝说性策略或者劝说性不明显，如 "引入话题" 说明作者的写作习惯，只是直接与间接入题的区别，与劝说性无关。"发表观点" 也是反映直接与间接表达，"建言" 策略一般用于文章收尾，都与劝说性策略关系不大。因此将这些策略归入 "其他"，在用于回答研究问题的数据分析时（即呈现最终研究结果时）进行排除。

还有两种策略"语篇框架标示"和"语篇行为标示",与"篇首元语篇陈述"有重合之处,有的学生不一定会把元语篇陈述放在篇首,而可能会放在语篇主体部分,成为"语篇框架标示"和"语篇行为标示"。因此我们将三者统称为"元语篇陈述"。在此编码阶段只考虑 17 种劝说性策略。二级编码后的高级类属概念如下:

(1) 框架策略

(2) 论断策略

(3) 互动策略

(4) 信息策略

(5) 推理策略

(6) 引用策略

每个高级类属概念的界定如下:

(1) 框架策略:指作者提供语篇标识(相当于路标)指引读者阅读,包括"篇首元语篇陈述""篇中顺序标记语""语篇框架标示""语篇行为标示""结尾预示"。

(2) 论断策略:指作者针对某事物,提出自己的看法、做出评论,用以体现自己的态度、好恶等。包括"评论""断言""正面描述"和"负面描述"。

(3) 互动策略:指作者引导读者的阅读思路,唤起读者同一情感的策略。在本研究中包括"包含性 *we*"和"修辞性问句"。

(4) 信息策略:信息策略指作者提供事实信息支撑自己论点的策略,包括"下定义""例证""数据""陈述"。

(5) 推理策略:指作者根据文章前面的内容,经过逻辑性分析而得到相应结论的策略。包括"推论""原因""类比"。

(6) 引用策略:指作者引用名人名言、经典言论、箴言格言、谚语、成语典故、专家证言、新闻报道等支撑写作论点,增强可信度的做法。

(三) 三级编码结果

第三阶段确定了最终统领性的核心类属概念,我们仍采用传统的三诉诸来表达。框架策略和引用策略属于诉诸人格；信息策略、推理策略属于诉诸理性；互动策略、论断策略则是诉诸情感。

诉诸人格可以使得读者对作者的写作风格产生好感（给老师以好的印象），获得读者认可，为接受其观点做准备。作者通过向读者提示文章主要内容和结构，给读者提供阅读方便，从而使得读者对作者产生良好的印象。作者还可以通过引用名人名言提高自己的可信度和文章的说服力。

诉诸理性的种种策略是使读者接受作者观点（老师给文章高分）的重要手段。提供客观信息，基于相关信息或前提进行推理，这些都属于较为理性的做法。

诉诸情感体现了作者希望读者参与，和读者交流，用自己的情感来影响读者，使其产生共鸣，从而接受其观点。

二、劝说性修辞策略的偏向性及发展性特征

对三个组内部三诉诸策略频率进行了比较，采用相关样本 *Friedman* 检验。表 7.1 检验结果均显示出显著性差异。组 1 倾向于使用情感策略和理性策略，组 2 偏向于情感策略，而组 3 则大量使用理性策略。对三个组之间的三诉诸策略频率也进行了比较（见表 7.1），采用 *Kruskal – Wallis* 检验，均有显著性差异。理性策略大致呈递增趋势。人格策略和情感策略大致呈下降趋势，后者略呈抛物线型剧烈下降。见图 7.2。

表 7.1　三诉诸策略频率组内和组间比较

组 ＼ 策略		理性	人格	情感	X^2
1	均值	0.40	0.17	0.42	23.14***
	标准差	0.18	0.10	0.18	
2	均值	0.35	0.10	0.55	40.23***
	标准差	0.15	0.07	0.13	

续表

组 \ 策略		理性	人格	情感	X^2
3	均值	0.74	0.12	0.14	46.61***
	标准差	0.08	0.05	0.06	
X^2		56.62***	12.51**	55.55***	

$**p < 0.01, ***p < 0.001$

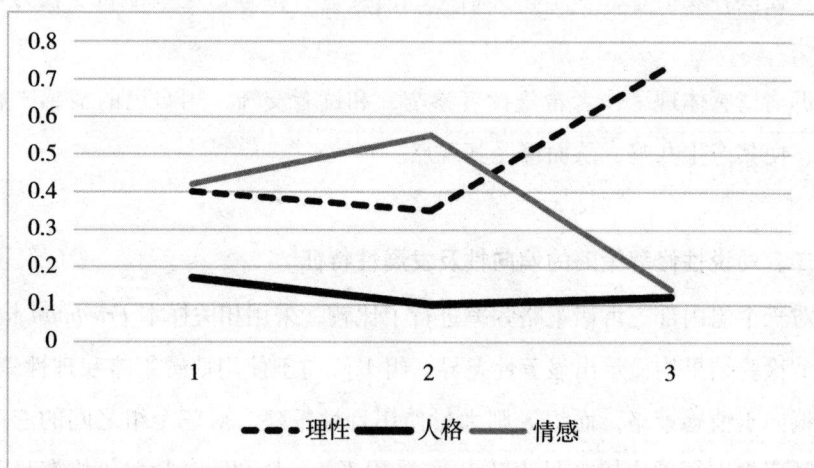

图7.2 三个组在三诉诸策略上的发展趋势

表7.2 显示了具体六类修辞策略的组内和组间比较。组1和组2的论断策略使用最多，其次为信息策略。组3的最高频率为信息策略，远远高于其他策略。表7.2还显示，信息策略、论断策略、框架策略和推理策略呈现出组间显著性差异。其中论断策略呈抛物线形下降趋势，信息策略呈明显的上升趋势，框架策略和推理策略呈U形（见图7.3）。

表 7.2 各种策略频率组内及组间比较

	策略 组	信息	推理	框架	引用	论断	互动	X^2
1	均值	0.30	0.10	0.15	0.02	0.35	0.07	75.85***
	标准差	0.17	0.11	0.09	0.03	0.17	0.07	
2	均值	0.30	0.05	0.08	0.02	0.50	0.05	105.20***
	标准差	0.14	0.06	0.05	0.04	0.14	0.07	
3	均值	0.66	0.08	0.10	0.02	0.09	0.05	92.12***
	标准差	0.09	0.07	0.05	0.02	0.05	0.04	
	X^2	54.57***	6.38*	13.11**	1.36	57.88***	9.5	

$^*p < 0.05, ^{**}p < 0.01, ^{***}p < 0.001$

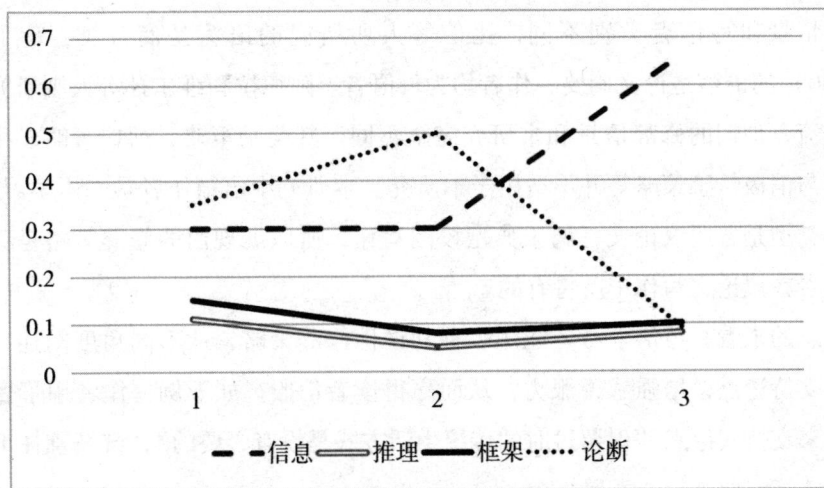

图 7.3 三个组在四种策略上的发展趋势

第六节　讨论

一、劝说性修辞策略的种类

本研究发现学习者在议论文中所使用的策略种类繁多，其中劝说性修辞策略多达 17 种。这说明英语学习者善于采用多种策略来达到劝说的目的。这些策略进一步归类后，提炼出六类修辞策略：框架策略、引用策略、信息策略、推理分析策略、论断策略、互动策略。这六类策略又可以分别归入三大类诉诸策略，诉诸理性的策略种类最多。本研究的发现不同于以前国内外的研究结果，如阿德拉等人（2016）和比伯等人（2007）。主要因为语篇类型、修辞情景和写作者类别不同，比伯等人所研究的语篇是商务类，鞠玉梅（2020）的语篇是论文摘要，作者均为母语者。阿德拉和维尔孙等人则研究口语交流，他们的修辞情景和本研究完全不同。其奖励策略、惩罚策略、积极情感与消极情感策略等并不适用于本研究。本研究中语篇作者是二语学习者，语篇类型是普通议论文，属于典型校园写作，所以展现出的修辞策略是英语学习者在议论文写作中所特有的。

总的来看，英语学习者能用多种劝说性修辞策略，从不同角度阐述、分析、支持论点，增强了说服力，从而赢得读者信服。如下例，作者用了四种策略来支持其论点"保留过时的传统生活方式是没有必要的"，涉及理性策略和情感策略两个核心类属概念。

For one thing, some traditional skills and ways of life block the development of society. ［推理/原因］ For example, in the past, working with a plough and cattle improved the productivity of agriculture. ［信息/举例］ However, now there are few farmers working in that way. ［信息/举例］ Because some machines designed for agriculture have appeared, which makes the productivity improved evidently. ［信息

/举例] If people are still working with a plough and cattle, I'm afraid that the need of the food won't be met. [论断/负面描述] And as for the traditional ways of life, do you want to live in the caves like the ancient people? [互动/提问] Do all the girls want to wrap your feet tightly? [互动/提问] Are you willing to be arranged marriage by your parents? [互动提问] I am absolutely sure your answers will be "no". [论断/断言]

二、学习者劝说性修辞策略使用的偏向性

从策略频率上看，学习者在三个阶段有不同的偏向性。"陈述性阶段"是情感策略与理性策略并重，偏向性并不明显。"程序性阶段"情感策略使用量则略高，初步有了倾向性表现。而"自动性阶段"则特别注重理性策略，其频率与情感策略和人格策略有巨大差异。迪凯色尔（2007）认为，"自动性阶段"的知识技能非常具体、细微，适用于特定的任务，不像前两个阶段那样宽泛、抽象、模糊。也就是说，学习者在此阶段能熟练地运用某种知识技能来完成某个特定的任务。本研究中学习者在"自动性阶段"能判断议论文体所需要的最有效的修辞策略——理性策略，并熟练地选择运用。现代英语议论文写作重理性，轻情感，要求用充足的事实作论据来支持论点，最终达到劝说目的（盖瑞特，2000）。学习者在"自动性阶段"的议论文比较符合英语修辞规范。

策略使用的偏向性随着技能发展阶段越来越明显，学习者越来越清楚应该多用什么策略来最有效地达到劝说目的。刘东虹（2017）发现汉语酒店语篇在策略使用上表现为"面面俱到"，而英语酒店语篇却倾向于"核心为重"，两种现象体现了语言与文化的不同。这种现象似乎也体现在本研究中学习者发展的不同阶段：越接近"自动性阶段"，则越倾向于使用核心策略——能最有效地达到劝说目的的策略，因而在策略使用的偏向性上更能体现英语语篇的构建方式。本研究结果从修辞策略使用的角度，支持了"技能习得理论"。

三、学习者劝说性修辞策略使用的发展性特征

本研究发现，诉诸理性和诉诸人格策略的频率总体上呈递增趋势，说明学习者随着年级的增长更加注重客观性，通过提供充足论据来说服读者。具体来看，在策略出现的频率上有四个明显的发展性特征：诉诸理性策略中的信息策略，三年级明显高于其他两个年级，呈递增趋势；与此相反，论断策略呈抛物线下降趋势。另外两个特征是框架策略和推理策略呈 U 形发展，学习者在"程序性阶段"使用量低于其他两个阶段。总的看来，这两个策略的使用量在任何阶段都非常低，而且发展趋势并不十分明显。

信息策略在"陈述性阶段"低于论断策略，学习者对此策略的使用较谨慎，多采用简单的"例证"。在"程序性阶段"使用量虽然没有增加，但处于积累阶段，蓄势待发，最终在"自动性阶段"发生了大的飞跃。在"自动性阶段"，较为简单机械的策略，如框架策略，已经不会占用很多认知资源了。在记忆中检索几乎不费力气，学习者采用这类策略可以较容易地服务于其他目的，如突出重点，提醒注意。这个阶段学习者的文体意识更强了，所以在认知资源竞争中信息策略胜出。

框架策略可以在语篇中时时提醒读者下文内容，也有利于作者自己拮清思路，使文章结构清晰，给读者（老师）留下好印象，从而获得高分。学习者在"程序性阶段"使用量下降，也许是因为处于厌倦期。框架策略中的"篇中顺序标示"属于词块类，在中学和大学一年级写作中强记强用十分常见，是一种写作、应考策略，学生会较为机械地大量使用。而处于"程序性阶段"的二年级学习者更加注重文章内容，会采用更多其他策略，但由于认知资源有限，导致框架策略、信息策略使用量降低，论断策略则在资源竞争中胜出。该策略相对于诉诸理性中的策略而言较为主观，但较容易掌握使用。表达主观好恶的论断策略毕竟比框架策略更有助于文章实质内容的构建，且从"以情动人"的角度更有望说服读者。所以"程序性阶段"学习者大量依赖此策略。

此外，各个阶段引用策略的频率最低，这和以前的研究不符。卡尔森（Carson）（1992）、荔（2003）、廖慈惠（2005）等发现中国学生的议论文喜欢引用名人名言、名人轶事。这些研究的对象都是十几年前的中国学生，而当今的学生在英语议论文写作中已发生了很大变化。"技能习得理论"只能解释某种特定策略习得的发展规律，但无法解释策略的选择与淘汰。

第七节　小结

本研究对学习者在三个年级阶段的议论文进行了纵向比较，旨在发现劝说性修辞策略的种类、使用偏向性和发展性特征。首先经过三级编码，发现劝说性修辞策略多达 17 种，提炼最高级别类属概念后，分为三类，即三诉诸。传统的三诉诸策略下的具体策略类别不同于其他文体。诉诸理性包括信息策略和推理策略，诉诸人格包括框架策略和引用策略，诉诸情感包括论断策略和互动策略。总体上说，学习者在议论文中采用多种修辞策略。

策略使用在技能习得的三个阶段，其偏向性逐渐增强。在"自动性阶段"明显偏向诉诸理性。该研究结果支持了"技能习得理论"。学习者的策略使用呈现出的发展性特征有四个：论断策略呈抛物线型下降；信息策略呈递增趋势；"自动性阶段"明显高于其他两个阶段；框架策略和推理策略呈 U 形发展。但总的来说各个阶段的使用频率均偏低。

议论文中劝说性修辞策略的研究十分罕见，在教学中也缺少关注。本研究的结果对于议论文写作教学有一定的启示作用。写作课老师可以增加修辞策略方面的教学设计，提高学生的修辞策略意识，从而增强文章说服力。

参考文献

［1］ ABDOLLAHZADEH E M, FARSANI A, BEIKMOHAMMAD M. Argumentative Writing Behavior of Graduate EFL Learners ［J］. Argumentation, 2017, 31 (4): 641 – 661.

［2］ ADLER R F, IACOBELLI F, GUTSTEIN Y. Are you convinced? A wizard of Oz study to test emotional vs. rational persuasion strategies in dialogues ［J］. Computers in Human Behavior, 2016, 57: 75 – 81.

［3］ ALLISON D, VARGHESE S A, Wu S. Local coherence and its limits: A second look at second sentences ［J］. Journal of Second Language Writing, 1999, 8 (1): 77 – 97.

［4］ ANDERSON J R, BORHELL D, BYRNE M D, et al. An integrated theory of the mind ［J］. Psychological Review, 2004, 111 (4): 1036 – 1060.

［5］ ARISTOTLE. The Art of Rhetoric ［M］. London: Harper Press, 2012.

［6］ ARISTOTLE, PICKARD – CAMBRIDGE W A. Topics ［EB/OL］. Docin, 2015 – 09 – 02.

［7］ ASR F T, DEMBERG V. Implicitness of discourse relations ［C］. Proceedings of the 24th International Conference on Computational Linguistics (COLING). Mumbai, India: 2012.

［8］ BENWELL B. The organization of knowledge in British university tutorial discourse: issues, pedagogic discourse strategies and disciplinary identity ［J］.

Pragmatics, 1999, 9 (4): 535 – 565.

[9] BELCHER D. What we need and don't need intercultural rhetoric for: A retrospective and prospective look at an evolving research area [J] . Journal of Second Language Writing, 2014, 25: 59 – 67.

[10] BIBER D, CONNOR U, UPTON T A. Discourse on the Move: Using corpus analysis to describe discourse structure [M] . Philadelphia: John Benjamin, 2007.

[11] BIZZELL P. Rationality as Rhetorical Strategy at the Barcelona Disputation, 1263: A Cautionary Tale [J] . College Composition and Communication, 2006, 58 (1): 12 – 29.

[12] BLINN S B, GARRETT M. Aristotelian topoi as a cross – cultural analytic tool [J] . Philosophy and Rhetoric, 1993, 26: 93 – 112.

[13] BURKE K. A Rhetoric of Motives [M] . Berkeley: University of California Press, 1969.

[14] CAI G. A Chinese rhetorical tradition? Case studies in the history of Chinese rhetorical theory and practice [M] . Pennsylvania : University of Arizona, 1998.

[15] CANAGARAJAH S. Negotiating translingual literacy: An enactment [J] . Research in the Teaching of English, 2013, 48 (1): 40 – 67.

[16] CANAGARAJAH S. Clarifying the relationship between translingual practice and L2 writing: addressing learner identities [J] . Applied Linguistics Review, 2015, 6 (4): 415 – 440.

[17] CARSON G. Becoming biliterate: First language influences [J] . Journal of Second Language Writing, 1992, 1 (1): 37 – 60.

[18] CAVENDER N M, KAHANE H. Logic and Contemporary Rhetoric: the use of reason in everyday life [M] . Cambridge, MA: Wadsworth, 2010.

[19] CHEN F. The role of first language transfer and second language profi-

ciency in the writing of Chinese learners of English as a second language [D] . Philadelphia: University of Pennsylvania, 1999.

[20] CHEN W. An Investigation of Topic Sentences in Chinese Students' Argumentative Essays: A Multidimensional Probe [D] . Kristianstads kommun: Kristianstad University, 2011.

[21] CHENG A. Individualized engagement with genre in academic literacy tasks [J] . English for Specific Purposes, 2011, 17: 387 – 411.

[22] CHENG F, and Chen Y. Taiwanese argumentation skills: Contrastive rhetoric perspective [J] . Taiwan International ESP Journal, 2009, 1 (1): 23 – 50.

[23] COOPER C R, CHEERY R, COPLEY B, et al. Studying the writing abilities of a university freshman class: strategies from a case study. [D]; Beach R, Bridwell L S. New Directions in Composition Research [C] . New York: The Guilford Press, 1984.

[24] CONNOR U. Linguistic/Rhetorical Measures for International Persuasive Student Writing [J] . Research in the Teaching of English, 1990, 24 (1): 67 – 87.

[25] CONNOR U. New directions in contrastive rhetoric [J] . TESOL Quarterly, 2002, 36 (4): 493 – 524.

[26] CONNOR U. Contrastive Rhetoric: Reaching to intercultural rhetoric [M] . Philadelphia: John Benjamins, 2008.

[27] CONNOR U. Intercultural Rhetoric in Second Language Writing [M] . Michigan: University of Michigan, 2011.

[28] CONNOR U, Lauer J. Understanding persuasive essay writing: Linguistic/rhetorical approach [J] . Text, 1985, 5 (4): 309 – 326.

[29] CORBETT E P J. Classical rhetoric for the modern student [M] . New York: Oxford University Press, 1990.

[30] CORBETT E P J, CONNORS R J. Style and Statement [M] . New

York: Oxford University Press, 1999.

[31] CRAMMOND J G. The uses and complexity of argument structures in expert and student persuasive writing [J]. Written Communication, 1998, 15: 230 – 268.

[32] CROWLEY S, HAWHEE D. Ancient Rhetorics for Contemporary Students [M]. New York: Pearson Education Inc, 2004.

[33] CROWHURST M. Interrelationships between reading and writing persuasive discourse [J]. Research in the Teaching of English, 1990, 25: 314 – 335.

[34] DE RIDDER I, VANGEHUCHTEN L, GOMEZ M S. Enhancing automaticity through task – based language learning [J]. Applied Linguistics, 2007, 28 (2): 309 – 315.

[35] DEKEYSER R. Automaticity and automatization [A]; Robinson P. Cognition and second language instruction [C]. New York: Cambridge University Press, 2001.

[36] DEKEYSER R. Skill acquisition theory [A]; VanPatten B, Williams J. Theories in Second Language Acquisition [C]. Mahwah: Laurence Erlbaum Associates, 2007.

[37] DIETSCH B M. Reasoning and writing well: A rhetoric, research guide, reader and handbook [M]. Mountain View: Mayfield Publishing Company, 2000.

[38] EDEN R, MITCHELL R. Paragraphing for the reader [J]. College Composition and Communication, 1986, 37: 416 – 430.

[39] FERRIS D R. Rhetorical strategies in student persuasive writing: Differences between native and non – native English speakers [J]. Research in the Teaching of English, 1994, 28: 45 – 62.

[40] FOX B A. Discourse Structure and Anaphora [M]. Cambridge: Cambridge University Press, 1987.

[41] FREEMAN J B. Systemizing Toulmin's warrants: An epistemic approach

[J]. Argumentation, 2005, 19: 331 –346.

[42] FULKERSON R. The Toulmin model of argument and the teaching of composition [A]; Emmel B, Resch P, Tenney D. Argument Revisited; Argument Redefined: Negotiating Meaning in the Composition Classroom [C]. Thousand Oaks: Sage, 1996.

[43] GAO Y, WEN Q. Co – Responsibility in the Dialogical co – construction of academic discourse [J]. TESOL Quarterly, 2009, 30 (12): 700 –703.

[44] GARRETT M M. Some elementary methodological reflections on the study of Chinese rhetorical tradition [A]; Tanno D V, Gonzalez A. Rhetoric in Intercultural Contexts [C]. London: SAGE, 2000.

[45] GODO A M. Cross – cultural aspects of academic writing: a study of Hungarian and north American college students L1 argumentative essays [J]. International Journal of English Studies, 2008, 8 (2): 65 –111.

[46] GREEN N L. Representation of argumentation in text with rhetorical structure theory [J]. Argumentation, 2010, 24 (2): 181 –196.

[47] HACKING I. What logic did to rhetoric [J]. Journal of Cognition and Culture, 2013, 13 (5): 419 –436.

[48] HALL D, AMES R T. Anticipating China: Thinking through the narratives of Chinese and western culture [M]. Albany: State University of New York Press, 1995.

[49] HEALTH R, BRANDT D, NAIM A. Brand relationships: strengthened by emotion, weakened by attention [J]. Journal of Advertising Research, 2006, 46 (4): 410 –419.

[50] HIGGINS C, WALKER R. Ethos, logos, pathos: Strategies of social/environmental reports [J]. Accounting Forum, 2012, 36 (3): 194 –208.

[51] HITCHCOCK D. Good reasoning on the Toulmin model [J]. Argumentation, 2005, 19: 373 –391.

［52］ HINDS J. Contrastive rhetoric: Japanese and English ［J］. Text Interdisciplinary Journal for the Study of Discourse, 1983, 3 (2): 183 – 195.

［53］ HINDS J. Inductive, deductive, quasi – inductive: Expository writing in Japanese, Korean, Chinese, and Thai ［A］; Connor U, Johns A. Coherence in Writing ［C］. Washington, DC: TESOL Publications, 1990.

［54］ HINKEL E. Indirectness in Ll and L2 academic writing ［J］. Journal of Pragmatics, 1997, 27: 361 – 386.

［55］ HIROSE K. Comparing L1 and L2 organizational patterns in the argumentative writing of Japanese EFL students ［J］. Journal of Second Language Writing, 2003, 12: 181 – 209.

［56］ HOEY M. Textual Interaction: An Introduction to Written Discourse Analysis ［M］. London: Routlegde, 2001.

［57］ HOLTGRAVES T. I think I am doing great but I feel pretty bad about it: affective versus cognitive verbs and self – reports ［J］. Personality and Social Psychology Bulletin, 2015, 41 (5): 677 – 686.

［58］ HUM S, LYON A. Recent Advances in Comparative Rhetoric ［A］; Lunsford A. The Sage Handbook of Rhetorical Studies ［C］. Los Angeles: SAGE, 2009.

［59］ HYLAND K. Genre and Second Language Writing ［M］. Ann Arbor: The University of Michigan Press, 2008.

［60］ HYLAND K. A genre description of the argumentative essay ［J］. RELC Journal, 1990, 21: 66 – 78.

［61］ INCH E, WAMICK B. Critical thinking and communication ［M］. Boston, MA: Allyn & Bacon, 2002.

［62］ JACKSON S, SCHNEIDER J. Cochrane Review as a "Warranting Device" for Reasoning about Health ［J］. Argumentation, 2018, 32: 241 – 272.

［63］ JACKSON M. The Enthymematic Hegemony of Whiteness: The Enthymeme as Antiracist Rhetorical Strategy [J] . JAC, 2006, 26 (3/4): 601 –641.

[64] KAPLAN R. Cultural Thought pattern in intercultural education [J] . Language Learning, 1966, 16 (1): 11 –25.

[65] KANNAR C. The College Writer [M] . Beijing: Beijing University Press, 2011.

[66] KARAHAN P A. A diagnostic analysis of ELT students' use of connectives [J] . Procedia – Social and Behavior Sciences, 2015 (3): 325 –333.

[67] KHATIB M, MORADIAN M R. Deductive, inductive and quasi – inductive writing styles in Persian and English: Evidence from media discourse [J] . Studies in Literature and Language, 2011, 2 (1): 81 –87.

[68] KIRKPATRICK A. Traditional Chinese text structures and their influence on the writing in Chinese and English of contemporary mainland Chinese students [J] . Journal of Second Language Writing, 1997, 6 (3), 223 –244.

[69] KIRKPARIK A, XU Z. Chinese Rhetoric and Writing: An introduction for language teachers [M] . Fort Collins: The WAC Clearinghouse, 2012

[70] KNUDSON R. The development of written argumentation: an analysis and comparison of argumentative writing at four grade levels [J] . Child Study Journal, 1992, 22: 167 –184.

[71] KOBAYASHI H, RINNERT C. Task response and text construction across L1 and L2 writing [J] . Journal of Second Language Writing, 2008, 17: 7 –29.

[72] KUBOTA R, LEHNER A. Toward critical contrastive rhetoric [J] . Journal of Second Language Writing, 2004, 13: 7 –27.

[73] KUBOTA R, SHI L. Instruction and reading samples for opinion writing in L1 junior high school textbooks in China and Japan [J] . Journal of Asian Pacific Communication, 2005, 15: 97 –28.

[74] KORMOS J. Speech Production and Second Language Acquisition

[M] . Mahwah: Lawrence Erlbaum Associates, 2006.

[75] LANGAN J. College Writing Skills with Readings [M] . Beijing: Foreign Language Teaching and Research Press, 2011.

[76] LEE Y P M. Discourse structure and rhetoric of English narratives: differences between native English and Chinese non – native English writers [J] . Text, 2003, 23 (3): 347 –368.

[77] LEE I. Teaching coherence to ESL students: a classroom inquiry [J] . Journal of Second Language Writing, 2002, 11: 135 –159.

[78] LI X. Composing culture is a fragmented world: the issue of representation in a cross – cultural research [A]; MATSUDA P K, SILVA T J. Second Language Writing Research: Perspectives on the Process of Knowledge Construction [C] . NJ: Lawrence Erlbaum, 2005.

[79] LIAO M, CHEN Q. Rhetorical strategies in Chinese and English: a comparison of L1 composition textbooks [J] . Foreign Language Annals, 2009, 42 (4): 695 –720.

[80] LIU Y. A taxonomy of direct rhetorical patterns in Chinese [C] . The 30th Annual Meeting of the Teachers of English to Speakers of Other Languages. Chicago: 1996.

[81] LIU Y, DU Q. Intercultural rhetoric through a learner lens: American students' perceptions of evidence use in Chinese yìlùnwén writing [J] . Journal of Second Language Writing, 2018, 40: 1 –11.

[82] LIU F. & STAPLETON P. Counterargumentation and the cultivation of critical thinking in argumentative writing: Investigating washback from a high – stakes test [J] . System, 2014, 45: 117 –128.

[83] LIU X, FURNEAUX C. A multidimensional comparison of discourse organization in English and Chinese university students' argumentative writing [J] . International Journal of Applied Linguistics, 2014, 24 (1): 74 –96.

[84] LU M. Professing multiculturalism: the politics of style in the contact zone [J]. College Composition and Communication, 1994, 45 (4): 442 –458.

[85] LU X. Rhetoric of the Chinese Cultural Revolution: The Impact on Chinese Thought, Culture, and Communication [M]. Columbia: University of South Carolina Press, 2004.

[86] MANN W C, THOMPSON S A. Rhetorical structure theory: a framework for the analysis of texts [J]. IPRA Papers in Pragmatics, 1987, 1 (1): 79 –105.

[87] MANN W C, THOMPSON S A. Rhetorical structure theory: toward a functional theory of text organization [J]. Text, 1988, 8 (3): 243 –281.

[88] MANN W C, MATTHIESSEN C M I M, THOMPSON S A. Rhetorical structure theory and text analysis [A]; MANN W C, THOMPSON S A. Discourse Description: Diverse Linguistic Analyses of a Fund – raising Text [C]. Amsterdam: John Benjamins, 1992.

[89] MAO L. Reading Chinese Fortune Cookie: The Making of Chinese American Rhetoric [M]. Logan, UT: Utah State University Press, 2006.

[90] MCCANN T M. Student argumentative writing knowledge and ability at three grade levels [J]. Research in the Teaching of English, 1989, 23 (1): 62 – 76.

[91] MCCARTHY M. 1994. It, this, and that [A]; COULTHARD M. Advances in Written Text Analysis [C]. New York: Routledge, 1994.

[92] MCCRACKEN D. Rhetorical strategy in Burke's 'reflections' [J]. The Yearbook of English Studies, 1971 (1): 120 –124.

[93] MISSIMER C A. Good Arguments: An Introduction to Critical Thinking [M]. Englewood Cliffs, NY: Prentice Hall, 1990.

[94] MO J. A contrastive study of the use of causal connectives by Chinese EFL learners and English native speakers in writing [J]. Theory and Practice in Language Studies, 2015, 5 (11): 2426 –2432.

［95］MOHAN B, LO W. Academic writing and Chinese students: transfer and developmental factors ［J］. TESOL Quarterly, 1985, 19 (3): 515 – 534.

［96］MONROY – CASAS R. Linearity in language: rhetorical – discursive preferences in English and Spanish in the light of Kaplan's model ［J］. International Journal of English Studies, 2008, 8 (2): 173 – 189.

［97］MURPHY M. Why I only teach elite students ［N/OL］. China Daily, 2019 – 06 – 24.

［98］MURPHY M. Did China 'steal' American jobs? ［N/OL］. China Daily, 2019 – 06 – 07.

［99］O'DONNELL M. RST – tool: an RST analysis tool ［C］. The 6th European Workshop on Natural Language Generation. Duisburg, Germany: 1997.

［100］OLIVER R T. The rhetorical implications of Taoism ［J］. Quarterly Journal of Speech, 1961 (47): 27 – 35.

［101］PAYNE D. Globalization, new (er) rhetoric, and the necessary centrality of both to graduate studies in composition ［A］; BORROWMAN S, BROWN S C, MILLER T P. Renewing Rhetoric's Relation to Composition ［C］. New York: Routledge, 2009.

［102］PAYNE L V. The Lively Art of Writing ［M］. River Grove: Follett Publishing Company, 1969.

［103］PERELMAN C., OLBRECHTS – TYTECA L. The New Rhetoric: A treatise on argumentation ［M］. Notre Dame: University of Notre Dame Press, 1969.

［104］PERKINS D N. Postprimary education has little impact on informal reasoning ［J］. Journal of Educational Psychology, 1985, 77 (5): 562 – 571.

［105］PINKER, S. The Sense of Style ［M］. New York: Penguin Group LLC, 2014.

［106］QIN J, KARABACAK E. The analysis of Toulmin elements in Chinese

EFL university argumentative writing [J]. System, 2010, 38 (3): 444 –456.

[107] RAMSAY G. Linearity in rhetorical organization: a comparative cross – cultural analysis of newstext from the People's Republic of China and Australia [J]. International Journal of Applied Linguistics, 2000, 10 (2): 241 –256.

[108] REID J. U. S. academic readers, ESL writers, and second sentences [J]. Journal of Second Language Writing, 1996, 5 (2): 129 –161.

[109] REID J. Comments on "Local coherence and its limits: A second look at second sentences" —Another look [J]. Journal of Second Language Writing, 2000, 9 (1): 77 –88.

[110] RIMROTTA. The discourse structure of research article abstracts: a rhetorical structure theory (RST) analysis [A]; CARTER N. Proceedings of the 22nd North West Linguistics Conference (NWLC) at Simon Fraser University [C] . Canada: Linguistics Graduate Student Association, 2007.

[111] RINNERTC, KOBAYASHI H, KATAYAMA A. Argumentation text construction by Japanese as a foreign language writers: A dynamic view of transfer [J]. The Modern Language Journal, 2015, 99 (2): 213 –245.

[112] ROSENWASSER D, STEPHEN J. Writing Analytically [M]. Beijing: Peking University Press, 2008.

[113] RUBIN V L, VASHCHILKO T. Identification of truth and deception in text: Application of Vector Space Model to Rhetorical Structure Theory [A]; FITZ-PATRICK E, JOAN B, TOMMASO F. Proceedings of the EACL 2012 Workshop on Computational Approaches to Deception Detection [C]. Stroudsburg: Association for Computational Linguistics, 2012: 97 –106.

[114] SANDERS T. Coherence, causality and cognitive complexity in discourse [A]; AURNAGUE M. Proceedings/Actes SEM –05 First International Symposium on the Exploration and Modelling of Meaning [C]. Toulouse: University of Toulouse – le – Mirail, 2005.

[115] SCOLLON R, WONG - SCOLLON S. Topic confusion in English - Asian discourse [J]. World Englishes, 1991, 10 (2): 113 - 125.

[116] SCOLLON R, WONG - SCOLLON S. Intercultural Communication: A Discourse Approach [M]. Cambridge: Blackwell Publishers Ltd, 2000.

[117] SEARLE J R. Speech Acts: An Essay in the Philosophy of Language [M]. Cambridge: Cambridge University Press, 1969.

[118] SHI L. How Western - trained Chinese TESOL professionals publish in their home environment [J]. TESOL Quarterly, 2002, 36 (4): 625 - 634.

[119] SILVA T. Toward an understanding of the distinct nature of L2 writing [J]. TESOL Quarterly, 1993, 27 (4): 657 - 677.

[120] SKOUFAKI S. An exploratory application of rhetorical structure theory to detect coherence errors in L2 English writing: Possible implications for automated writing evaluation software [J]. Computational Linguistics and Chinese Language Processing, 2009, 14 (2): 181 - 204.

[121] SMITH C G. Braddock revisited: the frequency and placement of topic sentences in academic writing [J]. The Reading Matrix, 2008, 8 (1): 78 - 95.

[122] SOLE T. Gap years - Icing on the cake called life [N/OL]. China Daily, 2015 - 06 - 17.

[123] SOUTER N. Dynamic Writing [M]. Lewes: ILEX, 2007.

[124] STAPLETON P, WU Y. Assessing the quality of arguments in students' persuasive writing: A case study analyzing the relationship between surface structure and substance [J]. Journal of English for Academic Purposes, 2015 (17): 12 - 23.

[125] STRAUSS A, CORBIN J. Basics of Qualitative Research (2nd ed.): Techniques and Procedures for Developing Grounded Theory [M]. Thousand Oaks, CA: Sage Publications, 1998.

[126] SULLIVAN P, ZHANG Y, ZHENG F. College writing in China and A-

merica: A modest and humble conversation, with writing samples [J]. College Composition and Communication, 2012, 64 (2): 306 –331.

[127] TABOADA M T, MANN W C. Rhetorical Structure Theory: Looking back and move ahead [J]. Discourse Studies, 2006, 8 (3): 423 –459.

[128] TIRKKONEN – CONDIT S, LIEFLANDER – KOISTINEN L. Argumentation in Finnish versus English and German editorials [A]; KUSCH M, SCHRODER H. Text, Interpretation, Argumentation [C]. Hamburg: Helmut Buske Verlag, 1989.

[129] TOPLAK M E, STANOVICH K E. Associations between myside bias on an informal reasoning task and amount of post – secondary education [J]. Applied Cognitive Psychology, 2003, 17 (7): 851 –860.

[130] TOULMIN S. The Uses of Argument: Updated edition [M]. Cambridge: Cambridge University Press, 2003.

[131] UYSAL H H. Tracing the culture behind writing: Rhetorical patterns and bidirectional transfer in L1 and L2 essays of Turkish writers in relation to educational context [J]. Journal of Second Language Writing, 2008, 17 (3): 183 –207.

[132] VAN KUPPEVELT J. Discourse structure, topicality and questioning [J]. Journal of Linguistics, 1995, 31 (1): 109 –147.

[133] VARGHESE S A, ABRAHAM S A. Undergraduates arguing a case [J]. Journal of Second Language Writing, 1998, 7 (3): 287 –306.

[134] VOSS J F. Toulmin's model and the solving of ill – structured problems [J]. Argumentation, 2005, 19 (3): 321 –329.

[135] WANG B. Comparative rhetoric, postcolonial studies, and transnational feminisms: A geopolitical approach [J]. Rhetoric Society Quarterly, 2013, 43 (3): 226 –242.

[136] WANG C. Paragraph Organization in English and Chinese Academic

Prose: A Comparative Study [D]. Indiana: Indiana University of Pennsylvania, 1992.

[137] WARREN J E. Taming the warrant in Toulmin's model of argument [J]. English Journal, 2010, 99 (6): 41 –46.

[138] WELLMAN C. Challenge and Response: Justification in Ethics [M]. Carbondale: Southern Illinois University Press, 1971.

[139] WHITHAUS C. Claim – Evidence structures in environmental science writing: Modifying Toulmin's model to account for multimodal arguments [J]. Technical Communication Quarterly, 2012, 21 (2): 105 –128.

[140] WILSON E V. Perceived effectiveness of interpersonal persuasion strategies in computer – mediated communication [J]. Computers in Human Behavior, 2003, 19 (5): 537 –552.

[141] WOLFE C R, BRITT M A. The use of other side information: Explaining the myside bias in argumentation [C]. The 46th annual meeting of the Psychonomic Society. Toronto: 2005.

[142] WOLFE C R, BRITT M A. The locus of the myside bias in written argumentation [J]. Thinking & Reasoning, 2008, 14 (1): 1 –27.

[143] WOLFE C R, BRITT M A, BUTLER J A. Argumentation Schema and the Myside Bias in Written Argumentation [J]. Written Communication, 2009, 26 (2): 183 –209.

[144] WU H. The paradigm of Margaret Cavendish: reading women's alternative rhetorics in a global context [A]; ROYSTER J J, SIMPKINS A M M. Calling Cards: Theory and practice in the study of race, gender, and culture [C]. Albany: State University of New York Press, 2005.

[145] XIONG T. Essence or practice? Conflicting cultural values in Chinese EFL textbooks: a discourse approach [J]. Discourse: Studies in the Cultural Politics of Education, 2012, 33 (4): 499 –516.

[146] YOU X. A comparative – rhetoric view of contrastive rhetoric [J]. Journal of Second Language Writing, 2014 (25): 116 – 117.

[147] ZHANG J. Linguistic, Ideological, and Cultural Issues in Chinese and English Argumentative Writings [J]. Journal of Language Teaching and Research, 2011, 2 (1): 73 – 80.

[148] ZHU W. A cross – cultural pragmatic study of rapport – management strategies in Chinese and English academic upward request emails [J]. Language and Intercultural Communication, 2017, 17 (2): 210 – 228.

[149] ZHU M. Not all share bike riders embrace the sharing concept [N/OL]. China Daily, 2017 – 03 – 22.

[150] 鲍贵. 英语学习者作文句法复杂性变化研究 [J]. 外语教学与研究, 2009, 41 (4): 291 – 297.

[151] 蔡基刚. 英汉文章中心思想表达位置差异及其对中国学生英语写作影响 [J]. 国外外语教学, 2007 (1): 1 – 7, 12.

[152] 蔡振光, 董燕萍. 汉、英双语者句子理解策略的迁移 [J]. 现代外语, 2007 (3): 251 – 261.

[153] 陈斌. 莫用"孝道"绑架未成年人 [N/OL]. 南方周末, 2019 – 09 – 19.

[154] 陈纯瑛. 从修辞结构理论角度看莫言获奖演说中英文版本的语篇差异 [J]. 兰州教育学院学报, 2013, 29 (11): 38 – 39.

[155] 陈建生, 赵佳美. 中国英语专业学生议论文中非毗邻式词块研究 [J]. 山东外语教学, 2019 (1): 53 – 62.

[156] 科艾, 胡曙中. 英汉对比修辞研究初探 [J]. 外国语, 1989 (2): 40 – 53.

[157] 邓杰. 论测试辩论的理性逻辑与累进方法 [J]. 外国语, 2012, 35 (4): 70 – 79.

[158] 丁往道等. 英语写作手册 [M]. 2 版修订本. 北京: 外语教学与

研究出版社, 2004.

[159] 丁往道等. 英语写作手册 [M]. 3 版. 北京: 外语教学与研究出版社, 2010.

[160] 窦卫霖. 思维方式差异对语言交往的影响 [J]. 上海大学学报, 2004, 11 (4): 66 - 70.

[161] 樊小玲. 国家形象修辞中的核心话语和支持性话语——基于 H7N9 与 SARS 时期官方媒体报道的分析 [J]. 当代修辞学, 2013 (4): 10 - 18.

[162] 傅广兴. 议论文写作中反驳的运用与批判性写作之关系 [D]. 上海: 华东理工大学, 2017.

[163] 高万云. 浅谈修辞策略 [J]. 修辞学习, 2001 (5): 1 - 2.

[164] 何坦野. 中国写作观念史略 [M]. 北京: 清华大学出版社, 2014.

[165] 何重先. 新汉语写作教程 [M]. 武汉: 武汉大学出版社, 2014.

[166] 胡曙中. 英汉修辞跨文化研究 [M]. 青岛: 青岛出版社, 2008.

[167] 金立, 赵佳花. 基于图尔敏论证图式的类比推理的逻辑分析[J]. 福建论坛 (人文社会科学版), 2016 (1): 81 - 86.

[168] 晋荣东. 推类理论与中国古代逻辑特殊性的证成 [J]. 社会科学, 2014 (4): 127 - 136.

[169] 晋荣东. 权衡论证的结构与图解 [J]. 逻辑学研究, 2016 (3): 3 - 24.

[170] 鞠实儿. 论逻辑的文化相对性——从民族志和历史学的观点看 [J]. 中国社会科学, 2010 (1): 35 - 47.

[171] 鞠实儿, 何杨. 基于广义论证的中国古代逻辑研究——以春秋赋诗论证为例 [J]. 哲学研究, 2014 (1): 102 - 110.

[172] 鞠玉梅. 社会认知修辞学: 理论与实践 [M]. 北京: 外语教学与研究出版社, 2011.

[173] 鞠玉梅. 中外学者英语学术论文摘要修辞劝说机制比较研究[J].

解放军外国语学院学报，2020，43（1）：85 – 92.

[174] 孔庆蓓. 从修辞结构理论看叙述语篇和描写语篇的区别 [J]. 中国科技翻译，2008（2）：92 – 104.

[175] 蓝纯. 修辞学：理论与实践 [M]. 北京：外语教学与研究出版社，2010.

[176] 李德尧. 鲁迅杂文艺术本质漫谈 [J]. 鲁迅研究月刊，1993（1）：4 – 11.

[177] 李克，王湘云. 国外教学环境下中国留美大学生修辞能力发展状况探究 [J]. 中国外语，2016，13（4）：78 – 86.

[178] 李凯. 基于图尔敏模式的大学英语六级作文段落的论证结构分析 [D]. 重庆：重庆大学，2014.

[179] 李瑞芳. 外语教学与学生创造性和批判性思维的培养 [J]. 外语教学，2003（5）：61 – 65.

[180] 李梦骁，刘永兵. 中国学习者英语学术论文结论语步的词块特征研究 [J]. 外语教学，2017（1）：34 – 38.

[181] 李衍华. 逻辑语法修辞 [M]. 2版. 北京：北京大学出版社，2011.

[182] 李志雪. 浅析学生英语作文中主题句运用的失误 [J]. 西安外国语学院学报，2000（3）：42 – 44.

[183] 廖慈惠. 英汉议论文论据选择的对比研究 [J]. 云南师范大学学报，2005，3（3）：55 – 59.

[184] 廖媛. 警惕悲情营销 [N]. 南方周末，2019 – 08 – 29.

[185] 刘兵，王奕凯. 非英语专业研究生英文写作中形容词使用特征研究 [J]. 中国外语，2015，12（4）：45 – 53.

[186] 刘东虹. 英语学习者段落承题方式与修辞关系研究 [J]. 现代外语，2015，38（4）：534 – 544.

[187] 刘东虹. 英语学习者写作中的语言概括能力研究 [M]. 武汉：武

汉大学出版社, 2015.

[188] 刘东虹. 文化价值观驱动下的劝说性修辞策略研究——以酒店语篇为例 [J]. 华中师范大学学报 (人文社会科学版), 2017, 56 (4): 104-109.

[189] 刘东虹, 陈燕. 英语学习者段落承题方式与修辞关系研究 [J]. 现代外语, 2015, 38 (4): 534-544.

[190] 刘宽平, 周业芳. 英汉思维差异对中国学生 EFL 写作的影响 [J]. 外语学刊, 2004 (5): 107-111.

[191] 刘千秋. 人教版、苏教版高中语文必修教材中新诗选文比较研究 [J]. 内江师范学院学报, 2014, 29 (1): 123-126.

[192] 刘泰隆. 鲁迅杂文的文体特点 [J]. 首都师范大学学报 (社会科学版), 2001 (5): 59-65.

[193] 刘新芳, 王云. 汉英博士论文致谢辞情感诉诸修辞对比研究[J]. 外语教学, 2018, 39 (3): 26-31.

[194] 刘洋. 图尔明辩论模式下中英新闻评论的诉诸逻辑修辞策略比较 [J]. 贵州民族学院学报 (哲学社会科学版), 2010 (1): 188-190.

[195] 刘应亮, 陈愿. 中国学生英语议论文写作中的论证因素分析[J]. 外国语文研究, 2016, 2 (6): 27-34.

[196] 穆从军. 修辞结构理论视角下英汉学术论文摘要的修辞关系对比研究 [J]. 现代外语, 2016, 39 (1): 97-107, 147.

[197] 潘璠. 中国非英语专业本科生和研究生书面语体的多特征多维度调查 [J]. 外语教学与研究, 2012, 44 (2): 220-232, 320.

[198] 齐放. 二语学习者英语议论语篇文体模式与对英语写作教学的思考 [J]. 中国外语教育, 2011, 4 (4): 11-20, 76.

[199] 施旭. 文化话语研究与中国实践 [J]. 中国外语, 2018, 15 (6): 10-15, 1.

[200] 孙鸣. 我国英语交际法教学之若干问题再思考 [J]. 外语与外语教学, 2007 (7): 26-28.

[201] 王东至. 语言迁移研究的新视角: 二语对母语的迁移 [J]. 北京第二外国语学院学报, 2009 (12): 14-21.

[202] 王锦. 认知理论的知识分类思想与英语写作教学 [J]. 北京第二外国语学院学报, 2009 (8): 78-81.

[203] 王立非, 部寒. 中美银行年报语篇结构关系自动描写及功能对比分析 [J]. 中国外语, 2016, 13 (4): 10-19.

[204] 王立非, 祝卫华. 中国学生英语口语中话语标记语的使用研究 [J]. 外语研究, 2005 (3): 40-44.

[205] 王美荣. 浅谈鲁迅杂文的艺术特色 [J]. 陕西师范大学学报, 2001 (2): 101-103.

[206] 王月旻, 吴红云. 中国英语学习者议论语篇修辞关系研究 [J]. 现代外语, 2018 (2): 209-221.

[207] 王伟. "修辞结构理论" 评介: 上 [J]. 国外语言学, 1994 (4): 8-13.

[208] 文秋芳, 王立非, 梁茂成. 中国学生英语口笔语语料库 [M]. 北京: 外语教学与研究出版社, 2005.

[209] 吴婧. 大学生英语论说文语篇结构特征调查 [J]. 国外外语教学, 2003 (2): 35-42.

[210] 吴俊. 大学写作 [M]. 2版. 上海: 华东师范大学, 2010.

[211] 吴礼权. 传情达意——修辞的策略 [M]. 广州: 暨南大学出版社, 2014.

[212] 吴应天. 文章结构学 [M]. 北京: 中国人民大学出版社, 1989.

[213] 夏年喜. 为归纳再辩护——兼评波普尔的演绎观. 首都师范大学学报, 1998 (2): 78-82.

[214] 肖忠华, 曹雁. 中外作者科技论文英文摘要多维度语步对比研究 [J]. 外语教学与研究, 2014 (2): 260-272.

[215] 徐海铭, 龚世莲. 元语篇手段的使用与语篇质量相关度的实证研

究［J］. 现代外语, 2006, 29 (1): 54 -61.

[216] 徐晓燕. 中国英语专业学生英语议论文句法复杂性研究［J］. 外语教学与研究, 2013, 45 (2): 264 -275.

[217] 杨萌, 胡蔚涛. 大学语文［M］. 北京: 北京理工大学出版社, 2014.

[218] 杨永林, 王丽娟, 张文霞, 等. 探索改革之路, 感受数字写作——来自体验英语写作系统构建与教学实践的报告［J］. 外语电化教学, 2008 (122): 3 -10.

[219] 杨玉晨. 英文写作中的汉语思维模式和逻辑推理——中国学生英文习作案例分析［J］. 外语学刊, 2005 (6): 79 -81.

[220] 张宏杰. 读史怎么样才能使人明智［N］. 南方周末, 2019 -07 -25.

[221] 赵俊海, 陈慧媛. 英语学习者书面语语法复杂度的测量研究［J］. 外语教学理论与实践, 2012 (1): 27 -33.

[222] 郑荣鑫. 语言交际艺术——修辞策略探索［M］. 太原: 山西人民出版社, 2007.

[223] 朱莉. 从国内外关于主题句的讨论看我国英语写作教学研究中的问题［J］. 外语研究, 2005 (3): 45 -48.

[224] 朱玲. "修辞立其诚": 中国早期修辞理论的核心［J］. 福建师范大学学报, 2004 (6): 19 -24.